essentials

essentials liefern aktuelles Wissen in konzentrierter Form. Die Essenz dessen, worauf es als „State-of-the-Art" in der gegenwärtigen Fachdiskussion oder in der Praxis ankommt. *essentials* informieren schnell, unkompliziert und verständlich

- als Einführung in ein aktuelles Thema aus Ihrem Fachgebiet
- als Einstieg in ein für Sie noch unbekanntes Themenfeld
- als Einblick, um zum Thema mitreden zu können

Die Bücher in elektronischer und gedruckter Form bringen das Expertenwissen von Springer-Fachautoren kompakt zur Darstellung. Sie sind besonders für die Nutzung als eBook auf Tablet-PCs, eBook-Readern und Smartphones geeignet. *essentials:* Wissensbausteine aus den Wirtschafts-, Sozial- und Geisteswissenschaften, aus Technik und Naturwissenschaften sowie aus Medizin, Psychologie und Gesundheitsberufen. Von renommierten Autoren aller Springer-Verlagsmarken.

Weitere Bände in der Reihe http://www.springer.com/series/13088

Lutz Becker

Nachhaltiges Business Development Management

Strategien für die Transformation

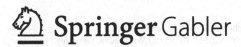

Prof. Dr. Lutz Becker
Hochschule Fresenius für
Wirtschaft & Medien
Köln, Deutschland

ISSN 2197-6708   ISSN 2197-6716   (electronic)
essentials
ISBN 978-3-658-20088-6   ISBN 978-3-658-20089-3   (eBook)
https://doi.org/10.1007/978-3-658-20089-3

Die Deutsche Nationalbibliothek verzeichnet diese Publikation in der Deutschen Nationalbibliografie; detaillierte bibliografische Daten sind im Internet über http://dnb.d-nb.de abrufbar.

Springer Gabler

Gedruckt auf säurefreiem und chlorfrei gebleichtem Papier

Springer Gabler ist Teil von Springer Nature
Die eingetragene Gesellschaft ist Springer Fachmedien Wiesbaden GmbH
Die Anschrift der Gesellschaft ist: Abraham-Lincoln-Str. 46, 65189 Wiesbaden, Germany

Was Sie in diesem *essential* finden können

- Eine Einführung in die Strategien und Aufgaben des Business Development Managements
- Hilfreiche Tipps, wie Business Development Manager ihre Rolle definieren und optimal ausfüllen können
- Eine Übersicht über wichtige Methoden für den Alltag des Business Development Managements, die Innovationsprozesse und die Zusammenarbeit mit Unternehmensleitung und anderen Abteilungen maßgeblich erleichtern
- Vorschläge, wie die Herausforderung Nachhaltigkeit vom Business Development Management geschultert werden kann
- Einen Ausblick auf künftige Entwicklungen im Business Development Management

Inhaltsverzeichnis

Einleitung

Seit 2009 haben wir uns aus unterschiedlichen Blickwinkeln mit der Rolle des Business Development Managers auseinandergesetzt. Neben einer ersten Untersuchung mit 595 Teilnehmern haben wir über Interviews und Workshops in den letzten Jahren insgesamt etwa 1000 Kontakte mit Business Development Managern gehabt. Zuletzt haben wir 2015/2016 eine sogenannte Follow-up Studie durchgeführt, bei der unter anderem der Aspekt der Nachhaltigkeit im Business Development intensiv beleuchtet wurde.[1]

Die ursprüngliche Ausgangsüberlegung (Becker 2010a, 2010c, 2014) war, dass das Business Development Management einen ähnlichen Institutionalisierungsprozess durchmacht, wie zum Beispiel in den Jahren davor die Funktion des Controllings: Während der Controller in den 1970er Jahren allenfalls ein Exot war, gab es einige Jahre später wohl kaum ein größeres Unternehmen ohne Controller oder Controlling-Abteilung. Aus unserer Sicht war ein wichtiger Grund für die Etablierung des Business Developers ein historischer Prozess. Während möglicherweise parallel zum Siegeszug des Controllings in den Unternehmen das Qualitätsmanagement an Bedeutung gewann und Prozesse immer konsequenter auf Effizienz, Kostenreduktion beziehungsweise Qualität getrimmt wurden,

[1]Auszüge des hier vorliegenden Textes wurden im Rahmen des gemeinsamen Projektes Klima-LO der Carl von Ossietzky Universität Oldenburg – Fakultät II – Department für Wirtschafts- und Rechtswissenschaften sowie der Hochschule Wirtschaft + Medien in Köln entwickelt, das mit Mitteln des Bundesministeriums für Umwelt, Naturschutz, Bau und Reaktorsicherheit unter dem Förderkennzeichen 03DAS102A gefördert wird. Ich bedanke mich in diesem Kontext bei Prof. Dr. Mahammad Mahammadzadeh (Köln), Prof. Dr. Klaus Fichter (Oldenburg und Berlin), Dr. Karsten Hurrelmann (Oldenburg), Anne Seela (Oldenburg) sowie meinen studentischen Mitarbeitern Jessica Scherf, Maximilian Blass und Felix Kammerichs (alle Köln) für wertvolle Impulse und Unterstützung. Die Verantwortung für den Inhalt dieser Veröffentlichung liegt beim Autor.

© Springer Fachmedien Wiesbaden GmbH 2018
L. Becker, *Nachhaltiges Business Development Management*,
essentials, https://doi.org/10.1007/978-3-658-20089-3_1

scheint es, dass manche Unternehmen den Anschluss an den Markt oder wenigstens den Fokus auf innovative Marktzugänge verloren haben: Inkrementelle Innovation dominierte den Markt, während immer wieder disruptive Innovationen von unerwarteter Seite kamen. Auf einmal wurde die ehemalige Unterhaltungselektronik nicht mehr von Marken Saba, Dual oder Grundig, sondern von Branchenfremden wie Apple oder Netflix dominiert. Ähnlich erging es vielen großen Marken der Fotoindustrie, man denke an Agfa, Kodak oder Rollei, wo Branchenneulinge wie Apple oder Instagram die Spielregeln neu und zu ihren Gunsten geschrieben haben. Derzeit werden wir Zeuge, wie der Autoindustrie ein ähnliches Debakel droht.

Verschärfend kam hinzu, dass sich spätestens ab 1989 die Märkte nochmals verstärkt globalisierten und im Nachgang zur kommerziellen Freigabe des Internets die weltweite Digitalisierung in Schwung kam, was die Märkte zusätzlich durcheinander würfelte. Vor diesem Hintergrund betrachten wir die Institutionalisierung des Business Development Managements nicht zuletzt als organisatorische Konsequenz einer sich weiter entwickelnden global-digitalisierten Agilitätsökonomie, in der strategische Kompetenz und Anpassungsgeschwindigkeit an sich ändernde Markt- und Umweltbedingungen zum entscheidenden Wettbewerbsfaktor werden. Hinzu kommt die Erkenntnis, dass beides, Ressourcen und Märkte, endlich sind. In jüngerer Zeit haben auch die zunehmende Wahrnehmbarkeit des Klimawandels, zum Beispiel durch Klimaextreme oder verstärkte Wanderungsbewegungen aus den vom Klimawandel besonders getroffenen Gebieten, zu einem Umdenken in vielen Unternehmen geführt. 2015 wurden auf der Klimakonferenz in Paris erstmals verbindliche Grenzwerte für CO_2 festgelegt. Gleichzeitig setzen Gesetzgebungen, neue Reporting-Richtlinien und zivilgesellschaftliche Initiativen starke Signale in Richtung Nachhaltigkeit, was den Druck auf Unternehmen weiter erhöht, aber auch spannende neue Chancen eröffnet. Die Vision der emissionsfreien Mobilität oder Umwelt- und Klimaschutz mögen sich für manches Unternehmen als existenzbedrohendes Risiko erweisen, andere bringen sich strategisch in die Lage, aus strengen Vorgaben bei Emissionen sowie Klimaschutz und Klimaanpassung neue Geschäftsfelder (Becker 2017) zu entwickeln.

Wir erkennen an vielen Stellen, dass die herkömmliche Art und Weise, das Geschäft zu organisieren, nicht mehr geeignet ist, die genannten Probleme zu lösen. Daher brauchen wir organisatorische Ansätze, die den Umgang mit diesen Veränderungen auf Managementebene institutionalisieren, zum Beispiel in Form eines Business Development Managements.

Dieses *essential* soll nicht nur eine komprimierte Übersicht über Aufgaben, Rolle und Organisation des Business Development Managements geben, sondern vor allem auch ausgewählte Werkzeuge vorstellen, die den Alltag des Business Development Managers erleichtern und dem Business Development mehr Profil und Struktur geben. Dabei wollen wir insbesondere auch die zunehmende Bedeutung der ökonomischen, sozialen und ökologischen Nachhaltigkeit berücksichtigen. Denn gute Geschäfte kann man vor allem dort machen, wo die Probleme der Menschen gelöst werden müssen.

Hier in diesem *essential* fassen wir interessante Ergebnisse unserer bisherigen Forschungen zu Aufgaben, Rolle und Werkzeugen des Business Development Manager auf kompakte Weise zusammen und skizzieren neue Perspektiven für die Entwicklung des Berufsfeldes und der damit verbunden Aufgaben. Es werden Frameworks für das Business Development Management vorgeschlagen und bewährte Werkzeuge für das Business Development Management vorgestellt.

Warum Business Development Management?

Anfang der 1970er Jahre, einhergehend mit der Ölkrise und daraus resultierendem Kostendruck sowie dem aufkeimenden Bewusstsein, dass jedes Wachstum seine Grenzen hat, wurde immer deutlicher, wie begrenzt und wertvoll Ressourcen sind (Meadows et al. 1972). Deshalb ist es nur konsequent, dass die Unternehmen in den folgenden Jahrzehnten den Fokus auf Effizienz und (Prozess-) Optimierung legten. Managementkonzepte wie Controlling, Business Prozess Reengineering, TQM, Six Sigma wurden entwickelt und eingeführt, um unerwünschte Abweichungen in den Prozessen, Verschwendungen und Kostentreiber auszumerzen und damit die Effizienz in der Wertkette zu erhöhen. Das Toyota Prinzip (Ohno 1993) oder das so genannte Lopez-Prinzip (anschaulich dargestellt in der Reportage: Holch 2006) sind typisch für das neue Denken jener Zeit.

Spätestens seit Ende des 20. Jahrhunderts, als im Rahmen der Globalisierung Wettbewerber aus Ostasien und anderen Teilen der Welt den westlichen Unternehmen die angestammten Pfründe streitig machten und digitale Geschäftsmodelle den Platzhirschen in vielen Branchen den Boden unter den Füßen wegzogen, scheint sich die Erkenntnis breit zu machen, dass diese einseitige Effizienzvorstellung auch einen gewaltigen Pferdefuß hat – nämlich, dass ein so fokussiertes Denken in Fehlervermeidungs- und Prozessoptimierungskategorien in einer Welt, die sich immer schneller dreht, plötzlich zur Sackgasse werden kann. Grundlegende Innovationen, seien sie technischer oder organisatorischer Art, Prozess- oder Marketinginnovationen, die ja schon per Definition Abweichung von der bis dato gelebten Regel sind, werden durch ein solches auf Effizienz und auf kurzfristig orientierte Erfolgsrationalität fokussiertes Denken nachhaltig be- oder verhindert (Becker 2012c).

Auf den verstärkten strategischen Druck, den sich die Unternehmen bzw. Manager ausgesetzt fühlen, deutet auch ein Umfrage von Bradley, Bryan und Smit aus dem Jahr 2012 hin. Auf die Frage, wie häufig Entscheidungen bezüglich

© Springer Fachmedien Wiesbaden GmbH 2018
L. Becker, *Nachhaltiges Business Development Management,*
essentials, https://doi.org/10.1007/978-3-658-20089-3_2

der Geschäftsbereichsstrategien im Verhältnis zu fünf Jahren zuvor getroffen werden, antworteten immerhin 56 % „häufiger", 30 % „gleich" und 7 % „seltener" (weitere 7 % konnten die Frage nicht beantworten) (Bradley et al. 2012). Wer soll also diese häufiger zu treffenden Entscheidungen vorbereiten, treffen und umsetzen? Dass das irgendwann nicht mehr en passant von der Geschäftsleitung mitgemacht werden kann, ist klar. Genau hier ist das Business Development als operativer Arm der strategischen Führung gefragt.

Ein ähnliches Bild ergibt übrigens unsere Follow-up Studie (eine ausführlichere englische Zusammenfassung: Becker 2016). Nahezu die Hälfte der Befragten gehen in den nächsten fünf Jahren von einem rapide beschleunigten technischen Fortschritt in ihrer Branche aus, insgesamt gehen mehr als 70 % von weiterem Fortschritt aus, während niemand davon ausgeht, dass der Fortschritt rückläufig sein wird (siehe Abb. 2.1).

Mehr als zwei Drittel der Befragten empfinden den Wettbewerbsdruck schon heute als sehr hoch oder extrem hoch (siehe Abb. 2.2). Allerdings, und das scheint hier der Clou zu sein, erwarten aber mehr als 80 % der Teilnehmer, dass sich der Wettbewerbsdruck in den nächsten fünf Jahren noch weiter verstärkt (siehe Abb. 2.3).

Das geht einher mit den Antworten auf unsere offene Frage: „Welche aktuellen Entwicklungen und Zukunftstrends betreffen Sie als Business Development

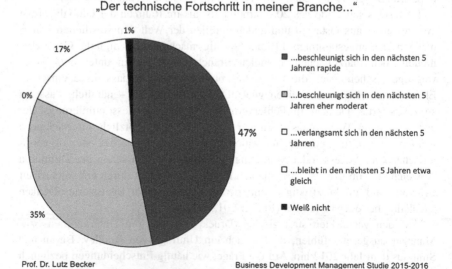

„Der technische Fortschritt in meiner Branche…"

1%

17%

0%

47%

35%

■ …beschleunigt sich in den nächsten 5 Jahren rapide

▨ …beschleunigt sich in den nächsten 5 Jahren eher moderat

☐ …verlangsamt sich in den nächsten 5 Jahren

☐ …bleibt in den nächsten 5 Jahren etwa gleich

■ Weiß nicht

Prof. Dr. Lutz Becker   Business Development Management Studie 2015-2016

Abb. 2.1 Wahrnehmung des technischen Fortschritts

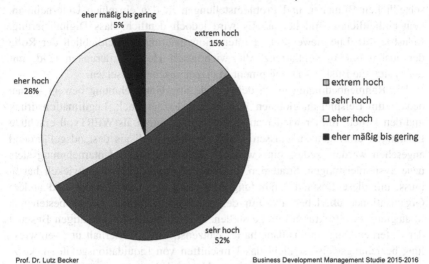

Den Wettbewerbsdruck in meiner Branche empfinde ich als...

eher mäßig bis gering
5%

extrem hoch
15%

eher hoch
28%

□ extrem hoch
■ sehr hoch
□ eher hoch
■ eher mäßig bis gering

sehr hoch
52%

Prof. Dr. Lutz Becker   Business Development Management Studie 2015-2016

Abb. 2.2 Wahrnehmung von Wettbewerbsdruck

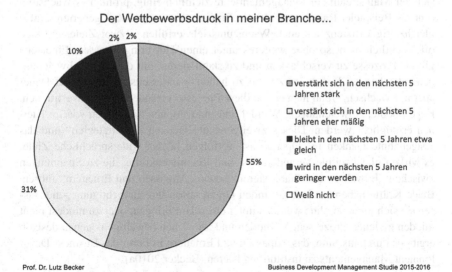

Der Wettbewerbsdruck in meiner Branche...

2% 2%

10%

□ verstärkt sich in den nächsten 5 Jahren stark

□ verstärkt sich in den nächsten 5 Jahren eher mäßig

■ bleibt in den nächsten 5 Jahren etwa gleich

55%

■ wird in den nächsten 5 Jahren geringer werden

31%

□ Weiß nicht

Prof. Dr. Lutz Becker   Business Development Management Studie 2015-2016

Abb. 2.3 Erwartungshaltung im Bezug auf künftigen Wettbewerbsdruck

Manager besonders?". Hier kristallisierte sich zwar, wohl aufgrund der unterschiedlichen Branchen und Problemstellungen in den einzelnen Unternehmen, kein einheitliches Bild heraus. Es wird jedoch deutlich, dass Digitalisierung, Industrie 4.0, Energiewende und Internationalisierung, einschließlich der Rolle der ausländischen Konkurrenz, die wichtigsten Herausforderungen sind, mit denen sich die Business Development Manager auseinandersetzen.

Die Rahmenbedingungen, in denen sich eine Unternehmung bewegt – man denke zum Beispiel an globalen Wettbewerb, Kostendruck, Legitimationsdruck und den Druck, immer wieder aufs Neue vom Umfeld als WERTvoll erachtete Leistungen erbringen zu müssen – können tendenziell als bestandsgefährdend angesehen werden, sodass eine wirtschaftlich erfolgreiche Unternehmung stets neue Systemleistungen, Strategien, Innovationen und Prozesse entwickelt haben muss, um diese Bestandsgefährdungen abzuwehren. Unternehmen und andere Organisationen überleben also nur deshalb, weil sie immer wieder bestehende Strategien und Strukturen infrage stellen. Es geht um den nachhaltigen Bestand der Unternehmung mittels dauerhafter Nutzenstiftung, Werterhalt und -entwicklung beziehungsweise schlicht das Umschiffen von Liquidationsgefahren, kurz: um das Überleben des prekären Systems Unternehmung unter ständig wechselnden „Klima-" Bedingungen (Becker 2010b).

Führungskräfte stehen dabei vor einem Dilemma: sie müssen nämlich, da ist sich der Mainstream der Managementlehre ziemlich einig, profitables Wachstum (nur als Beispiele: Raisch et al. 2007; Zimmermann et al. 2008) generieren, also gleichzeitig Effizienz als auch Wachstumsziele erfüllen – zwei Ziele, die sich offensichtlich nicht so ohne weiteres unter einen Hut bringen lassen. Einerseits gilt es, Prozesse zu verschlanken und zu stabilisieren, um die durch Abweichungen entstehenden Kosten im Zaume zu halten – anderseits kann man auf Dauer aber nur wachsen, wenn man genau diese Prozesse verändert, wenn Investitionen, Experimente, Abweichungen, Wandel und Innovationen im Großen wie im Kleinen ermöglicht werden. Dieses zweitgenannte Denken in „Strategien" und das erstgenannte Denken in „Operations" verfolgen höchst widersprüchliche Ziele; es wirken gleichzeitige Veränderungs- und Retentionskräfte, die zu Spannungen zwischen „Bewahren und Stabilisieren" sowie „Anpassen und Erneuern" führen. Beide Kräfte haben in einer gesunden Organisation ihre Berechtigung – nur lassen sie sich nicht so ohne weiteres unter einen Hut bringen, oder zumindest nicht mit den gleichen Prozessen, Methoden und Menschen bewältigen. Genau deshalb ergibt es durchaus Sinn, das Anpassen und Erneuern in Form des Business Development Managements zu institutionalisieren (Becker 2010a).

Business Development Management: Der operative Arm der Strategischen Führung

3

In einer komplexen und dynamischen Welt, dient die Strategie dem sogenannten „Alignment", also dazu, ein koordiniertes, zielgerichtetes Verhalten in der Organisation und darüber hinaus sicherzustellen. Alignment ist ein auf Basis strategischen Handlungsprinzipien aufbauendes Prinzip der Selbstorganisation. Die Strategie sichert, dass die vielen Tausend kleinen und großen Entscheidungen, die in einer Organisation getroffen werden, im Großen und Ganzen in die gleiche Richtung getroffen werden, ohne dass Zuckerbrot und Peitsche oder rigide Kontrollmechanismen für Vollzug sorgen. Dass die Mitarbeiter – aber auch andere Stakeholder, wie Lieferanten oder Kunden – in die Lage versetzt werden, ihren eigenen Kurs anhand der Strategie auch unter sich ändernden Vorzeichen immer wieder aufs Neue im Sinne des Organisationszwecks „einzuordnen".

Historisch gingen strategische Konzepte und technologisch-organisatorische Innovation Hand in Hand: Die kompakte Aufstellung der Römer in der „Schildkröte" machte sie schlagkräftig und relativ unverletzlich. Die Strategien von Attilas Hunnen setzten auf den Überraschungsmoment, ermöglicht durch die Beweglichkeit ihrer Reiterhorden. Die Wikinger wie auch andere große Seefahrernationen profitierten von Innovationen in Navigation und Schiffbau. Die Liste ließe sich nahezu unendlich fortsetzen. Eines ist ihnen gemein, neue Technologien und organisatorische Innovationen änderten das „globale" Machtgefüge und verändern die Spielregeln.

Strategien sind Mittel zum Zweck. Sie sollen Unternehmen entweder einen guten Platz in einer sich neu ordnenden Welt – sprich: unter geänderten Rahmenbedingungen – sichern; oder sie dienen sogar dazu, bestimmte Vorstellung von der Neuordnung der Welt (beziehungsweise der Märkte) mit den zu Verfügung stehen Mitteln konsequent durchzusetzen. Beispiele hierfür sind Amazon, die die Vision des digitalen Handels in ihren globalen Strategien realisieren oder Tesla, die die Vision eines Verkehrs ohne lokale Emissionen in ihren Strategien umsetzen.

© Springer Fachmedien Wiesbaden GmbH 2018
L. Becker, *Nachhaltiges Business Development Management*,
essentials, https://doi.org/10.1007/978-3-658-20089-3_3

9

3.1 Business Development Management – Versuch einer Definition

2010 haben wir Business Development Management als die Institutionalisierung des Umgangs mit Diskontinuitäten und deren Instrumentalisierung im Rahmen einer strategischen Unternehmensführung (Becker 2009) definiert. Will sagen: unsere Welt und die Märkte verändern sich vor allem durch Digitalisierung und Globalisierung schneller als je zuvor. Und deshalb sollten Unternehmen in die Lage versetzt werden, den Umgang mit diesem Wandel und daraus resultierende Strategien und Strategiewechseln professioneller und mit neuer Systematik zu gestalten. Dafür braucht man Organisationseinheit, eine Stelle oder eine Abteilung im Unternehmen, die den Umgang mit dem strategisch relevanten Wandel professionalisiert. Und genau da sehen wir Rolle und Bedeutung des Business Development Managements. Die Aufgaben umfassen im Wesentlichen:

1. Konzeption und Implementierung von Strategien in sich wandelnden Märkten
Der Aufstieg der großen Plattformen, wie Amazon oder Google, oder der Aufstieg der eMobilität machen derzeit deutlich, wie sich strategische Bedingungen ändern können und wie man frühzeitig darauf reagieren kann. Probleme bei der Ressourcenverfügbarkeit oder Angebotsschwankungen bei Ressourcen, machen es unter Umständen notwendig, in weniger ressourcenintensive Geschäftsfelder und Technologien einzusteigen. Legitimationsdruck im Bezug auf soziale Bedingungen macht es vielleicht notwendig, die Supply Chain enger zu kontrollieren oder gar selbst zu übernehmen (wir sprechen von Rückwärtsintegration). Ökologische Rahmenbedingungen mögen bestimmte Geschäftsfelder, wie CO_2-intensive Geschäftsfelder, langfristig unattraktiv machen, während andere Geschäftsfelder, wie zum Beispiel Speichertechnologie oder Bioreaktoren zunehmend attraktiver werden.

2. Ausweitung bestehender Marktzugänge und Kanäle (Internationalisierung, Broadening und Deepening)
Auch hier können Fragen der richtigen Ressourcenbewirtschaftung (Übernahmen in der Supply Chain), horizontale (als Beispiel seinen Kooperationen von Energieversorgern mit Bürgerwindparks genannt), vertikale oder laterale Erweiterungen der Geschäftsmodelle (zum Beispiel der Versuch von RWE, sich im Smart Home Markt zu etablieren)

3. Erschließen neuer Geschäftsoptionen und -modelle (Business Innovation)

Eine der großen Herausforderungen durch neue Hardware- und Software-Technologien (Stichwort: App-Economy) (Becker und Schmitz 2012) und Plattformbildung (Stichwort: Google, Facebook) ist die Erosion bestehender Branchenstrukturen, deshalb wird die fortlaufende Neudefinition der Märkte als eine wesentliche Aufgabe des Strategischen Managements zu sehen. Denn: „Branchen im Sinne von Industriezweigen können nicht länger als so stabil angesehen werden, wie dies für das 20. Jahrhundert seine Richtigkeit hatte" (Pfriem 2006, S. 94).

Bei dieser Aufgabe des Business Development Managements geht es um die systematische und revolvierende Entwicklung von neuen Geschäftsmodellen bzw. das auf den Prüfstand Stellen der bisherigen, bei denen natürlich Nachhaltigkeitskriterien bei Geschäftsmodellen (als Beispiel sei hier etwa der Einstieg von BMW in Carsharing Business (DriveNow GmbH und Co. KG 2017; sowie als Hintergrund: Hucko 2013; Tauber 2014) genannt) eine zunehmende Bedeutung spielen sollten.

In unserer Studie wurde deutlich, dass die befragten Business Development Manager von einer massiven Bewegung bei den Geschäftsmodellen ausgehen: Wir hatten bereits an anderer Stelle auf die zunehmende Bedeutung des Geschäftsmodell-Managements im Kontext der Digitalisierung hingewiesen (Becker 2012a) und verschiedene Methoden der Geschäftsmodellentwicklung und -pflege vorgestellt (Becker 2012b). Mehr als 80 % der Befragten sehen Bewegungen in den Geschäftsmodellen. Fast ein Drittel der Teilnehmer geht davon aus, dass die Geschäftsmodelle in den nächsten fünf Jahren angepasst werden, und fast jeder fünfte Teilnehmer erwartet, dass sich die heutigen Geschäftsmodelle grundlegend verändern. Fast die Hälfte der Teilnehmer rechnet damit, dass neue Geschäftsmodelle hinzukommen (siehe Abb. 3.1).

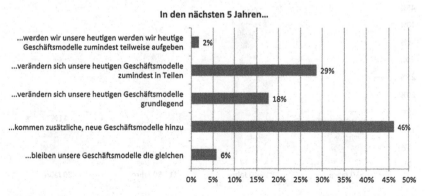

Abb. 3.1 Bewegung in den Geschäftsmodellen

3.2   Business Development als Beruf

Zwischen unseren Untersuchungen 2010 und 2015 gab es keine wirklich signifikanten Unterschiede in der Demografie der Business Development Manager. Praktisch identisch war die Verteilung der Geschlechter. 86 % der Teilnehmer waren Männer und 14 % Frauen (n = 110) – exakt die gleiche Verteilung wie in der Studie von 2010 (n = 595). Wir haben damals zwei Thesen bezüglich der Ursachen aufgestellt. Zum einen überwiegen technische Berufsbiografien, zum anderen deutet das Durchschnittsalter von 40,1 Jahren (siehe Altersklassen in Abb. 3.2) darauf hin, dass die schwere Vereinbarkeit von Familie mit einem sehr reiseintensiven Beruf eine Rolle spielen könnte.

Ähnlich wie 2010, konnten wir auch dieses Mal feststellen, dass das Gros der Business Development Manager über eine langjährige Berufserfahrung verfügt (siehe Abb. 3.3). Fast 70 % der Befragten sind schon seit mehr als 10 Jahren im Geschäft und immerhin mehr als ein Viertel seit über 20 Jahren. Die Generation unter 30 ist im Business Development Management praktisch nicht vertreten.

Rund die Hälfte der Befragten kommt aus dem kaufmännischen Bereich, ein Drittel aus dem Engineering Kontext.

57 % der Befragten waren zum Zeitpunkt der Studie als Business Development Manager in einem Unternehmen oder einer anderen Organisation tätig, etwa mehr als ein Drittel (36 %) nehmen eine andere Rolle wahr, wobei aber Business Development zum Aufgabenbereich gehört. Weitere fünf Prozent der 2015 Befragten waren vorher für das Business Development in einem Unternehmen

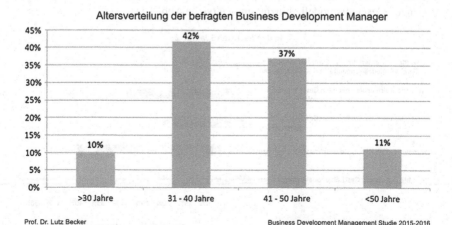

Abb. 3.2 Altersklassen Business Development Management

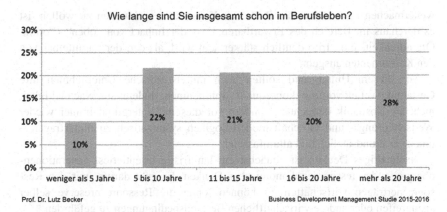

Prof. Dr. Lutz Becker   Business Development Management Studie 2015-2016

Abb. 3.3 Berufserfahrung

verantwortlich und haben jetzt eine andere Aufgabe. Der Anteil der Berater ist mit zwei Prozent der Befragten verschwindend gering, andere Rolle waren nicht vorhanden.

Elf Prozent der Teilnehmer waren Neulinge im Business Development Management (bis zu einem Jahr), 45 % ein bis drei Jahre in dieser Funktion, ein gutes Drittel, nämlich 35 %, vier bis zehn Jahre und sechs Prozent können auf mehr als zehn Jahre im Business Development Management zurückblicken. Drei Prozent der Teilnehmer waren nicht mehr im Business Development tätig. Teilnehmer ohne Erfahrungen im Business Development Management wurden nicht berücksichtigt.

3.3   „Doing well by doing good" (Wunder 2017, S. 1): Nachhaltiges Business Development

Schon heute spüren vor allem große europäische Unternehmen einen hohen Legitimationsdruck, den sie etwa durch ihre Umweltberichterstattung, aber auch durch organisatorische Maßnahmen, wie etwa einem institutionalisierten Nachhaltigkeitsmanagement, Rechnung tragen. Man kann natürlich nun nicht erwarten, dass etwa große Chemieunternehmen, man denke an Bayer oder BASF, von heute auf morgen zum Bioponyhof mutieren. Der stärkste Hebel großer Unternehmen, ihre Nachhaltigkeitssituation und vor allem ihre öffentlichen Nachhatigkeitsberichte zu verbessern, ist es, Verantwortung auf ihre Lieferanten abzuwälzen, was den Druck im Mittelstand deutlich erhöht. Es wäre vor diesem Hintergrund verwegen anzunehmen, dass man so „mit business as usual" weitermachen kann. Ohne die Rolle des Konsumenten abwerten zu wollen, ist es durchaus im Bereich des Erwartbaren, dass der Impact von „oben" (Politik, Öffentlichkeit, Industrie) deutlich stärker sein wird, als der, der unmittelbar von den Konsumenten ausgeht.

Vor diesem Hintergrund sollten auch mittelständische Unternehmen ihre Gestaltungsverantwortung konsequent wahrnehmen, indem sie Nachhaltigkeit nicht als Kosmetik betrachten, sondern vor diesem Hintergrund immer wieder Wertschöpfungs- und Geschäftsmodell-Logiken systematisch zu hinterfragen – und zwar grundsätzlich und allumfassend.

Nachhaltiges Denken ist zunächst ein langfristig orientiertes, generationen-übergreifendes ressourcenökonomisches Denken. Es geht darum, mit den Ressourcenerträgen wirtschaften zu können, ohne die Ressourcenreserve selber anzugreifen oder andere wirtschaftlichen Bestandsbedingungen zu gefährden.

Als Beispiel mag das Familienunternehmen Rügenwalder Mühle aus Bad Zwischenahn herhalten. Angesichts des globalen Wachstums der Fleischindustrie und der resultierenden Umwelt- und Klimaschäden durch Methan oder die Abholzung von Regenwäldern, wird der Fleischindustrie bei derzeit hohen Wachstumsraten zunehmend die Legitimationsbasis entzogen (Goodland und Anhang 2009). Sie droht Opfer des eigenen Erfolges zu werden. Nicht von ungefähr sieht Rügenwalder Geschäftsführer Christian Rauffus die Gefahr, dass „die Wurst […] die Zigarette der Zukunft" (Könemann 2014) wird. Um dieses Risiko abzufedern und den Bestand des Unternehmens im wahrsten Sinne des Wortes „nachhaltig" zu sichern, setzt Rügenwalder konsequent auf vegetarische „Fleisch-und Wurst"-Waren, schafft damit als Innovator in der Branche eine strategische Erfolgsposition und zwingt damit der global agierenden Konkurrenz (dazu gehört u. a. Nestlé, etwa mit der Marke Herta) neue Spielregeln auf (HAZ 2015).

Das dominierende Modell der Nachhaltigkeit ist ein Drei-Säulen-Modell, ein Dreiklang aus Wirtschaftlichkeit, Sozialem und Ökologie, das seit Ende der 1990er Jahre in verschiedenen Spielarten, z. B. als Triple P, People-Profit-Planet, oder Triple-Bottom Line (u. a. Elkington 1997; Enquete-Kommission 1998) diskutiert wird. Die zugrunde liegende Idee ist, dass Unternehmen und andere Organisationen nicht nur das vermeintlich tragende Element der Wirtschaftlichkeit im Auge habe sollten, sondern auch ökologische und soziale Perspektiven unternehmerischen Handelns (insbesondere bei der Ergebnisdarstellung) berücksichtigen sollte. Im Grunde geht es darum, das wirtschaftliche Handeln dadurch zu stabilisieren (also ökonomische Nachhaltigkeit zu gewährleisten), dass man die Kollateralschäden des wirtschaftlichen Handelns (wir sprechen von „Externalitäten") so weit im Zaume hält, dass sie das wirtschaftliche Handeln selbst nicht gefährden. Es geht also im wahrsten Sinne des Wortes darum, dass sich Unternehmen nicht selbst das Wasser abgraben.

Als Maßstab kommt der Aspekt der Generationengerechtigkeit ins Spiel: Im Sinne des Brundtland Berichtes bedeutet das, dass die gegenwärtigen Bedürfnisse (so bzw. nur in so weit) zu erfüllen sind, dass die Möglichkeit künftiger Generationen, ihre Bedürfnisse zu erfüllen, nicht eingeschränkt werden (Brundtland Report 1987). Dabei zeichnen sich unterschiedliche Bewertungen ab: das Konzept der „schwachen Nachhaltigkeit", vorrangig die ökonomische Perspektive (im Sinne von Sparraten, Substituierbarkeit von Naturkapital oder Entschädigungsperspektiven für die Betroffene), bei der auch immer die Gefahr des Greenwashing und Pinkwashing (Vorspiegelung eines scheinbar ökologisch beziehungsweise sozial verträglichen Handelns) mitschwingt. Anders hat das Konzept der „starken Nachhaltigkeit" physische Größen, wie absoluter Verbrauch und Vernichtung von Naturkapital im Fokus und betrachtet die Ökonomie als Subsystem der Biosphäre (Döring 2004). Als Konsequenz der letzteren muss bezweifelt werden, dass eine Wirtschaft erstens außerhalb einer Gesellschaft überhaupt bestehen kann und zweitens, dass eine Gesellschaft ohne funktionierende ökologische Umwelt überhaupt existieren kann, was die Prioritäten deutlich macht. Vor diesem Hintergrund bezeichnet Ernst Ulrich von Weizsäcker das Triple-P Model als „anthropocentic Tom-Foolery" (Weizsäcker 2014, S. 6), weil es nicht-nachhaltige Praktiken legitimiert (Nachhaltigkeit geht nur soweit, dass wirtschaftliche Handeln nicht gefährden darf).

Wir sehen, dass wir es auch bei Fragen der Nachhaltigkeit mit hoch-komplexen Problemen – so genannten Wicked Problems – zu tun haben. „Probleme, für die sich ausschließende Kategorien wie richtig oder falsch nicht gelten, sondern deren Lösungsmöglichkeiten irgendwo zwischen gut und böse, gerecht und ungerecht oder angemessen und unangemessen changieren" (Becker und Montiel Alafont 2015, S. 41; ferner: Ritter und Webber 1973; Tomkinson 2013).

Im Gegensatz zu „Tame Problems" („zahmen" Problemen), haben wir es hier mit Problemen höchster Komplexität, hohen Vernetzungsgraden und Interdependenzen mit dem Geschehen in der ökologischen, ökonomischen, sozialen und kulturellen Umwelt sowie damit einhergehenden Bewertungsfragen zu tun,

- die sich als individuell und vielschichtig changierend darstellen,
- für die einmal viable Beschreibungen und Zugänge im Bezug auf die einzelne Organisation und das spezifische Problem dieser Organisation gefunden werden muss,
- bei denen keine eindeutigen Lösungen („richtig" oder „falsch") zu erwarten sind,
- bei denen Ursache-Symptombeziehungen nicht immer eindeutig und erklärbar sind,

- wo es im Normalfall keine vordefinierten Lösungswege oder „best practices"
  noch eine allumfassende Lösung gibt,
- die nicht zuletzt auch kulturbehaftete und ethisch zu bewertende Probleme
  darstellen,
- wo es keine Chance gibt, eine irgendwie geartete ewige Wahrheit zu formulie-
  ren
- und deren Lösungen in iterativen und von Umwelt- und Selbstbeobachtungs-
  prozessen begleiteten Annäherungslösungen zu suchen sind (Becker und Montiel Alafont 2015).

Vor diesem Hintergrund wird es auch deutlich, dass Nachhaltigkeit insofern eine
Schimäre ist, weil man einen Zustand der völligen Nachhaltigkeit wohl niemals
„erreichen" kann, sondern dass es ein Prozess iterativer Auseinandersetzungen
mit stets neuen Umweltbedingungen ist. Der Umweltökonom Niko Paech formuliert es folgendermaßen: „Es gibt keine nachhaltigen Produkte, es gibt nur nachhaltige Lebensstile. Die Technik kann keine Naturgesetze aushebeln, sie kann sie
nur anwenden. Technik verbraucht immer Energie, Fläche und Substanzen. Selbst
erneuerbare Energien sind längst an der Schwelle, wo nicht mehr klar ist, ob sie
Teil der Lösung oder Teil des Problems sind" (Paech 2012). Angesprochen sind
damit etwa Rebound-Effekte (z. B. Umweltbundesamt 2014), dass Nutzer ihr
Verhalten ändern, wenn Sie eine scheinbar günstigere ökologische Lösung zur
Hand haben, etwa wenn sie durch Maßnahmen im Haus Energie sparen und das
dadurch frei gewordene Haushaltsbudget für Flugreisen nutzen.

„Wicked Problems" sind also nicht im Handumdrehen zu lösen und möglicherweise gibt es keine Lösung, die nicht irgendwo Kritik oder Gegenwind gleich
mit sich bringt. Vor diesem Hintergrund hat die Strategie eines Unternehmens
immer eine legitimierende Funktion nach Innen und nach Außen, sie bringt, wenn
Sie gut gemacht ist, ihre Erklärungen und Sinnzusammenhänge gleich mit. Deshalb geht es gerade vor dem Hintergrund der Nachhaltigkeitsdebatte darum, das
eigene strategische Handeln in ein Wertegerüst und ein Leitbild einzuordnen, den:
„Je komplexer die Facts werden, um so wichtiger ist nämlich ihre Einordnung in
ein Leitbild und ein Wertsystem. ‚Facts' ermöglichen nicht die Flucht vor werten-
der Stellungnahme" (Ulrich und Fluri 1995, S. 55).

Der erste Schritt ist es folglich, das Leitbild, die Mission, Vision und Werte im
Bezug auf die Frage der Nachhaltigkeit auf den Prüfstand zu stellen. Dabei geht
es nicht darum, vermeintliche Standards zu übernehmen, sondern eine eigene
Position aufzubauen, um diese auch verteidigen zu können.

Strategisches Handeln bedeutet in erster Linie, die Spielregeln zu bestim-
men, und es geht erst in zweiter Linie darum, das Spiel zu spielen. Strategisches

Handeln bedeutet insofern schon nachhaltigkeitsorientiertes Handeln, weil es darum geht, die Bedingungen (eben die Spielregeln) nachhaltig (hier im Sinne von dauerhaft) zu verändern: „Die strategische Führung von Unternehmen zielt also auf eine aktive Rolle bei der Herausbildung von Zukunftsmärkten" (Pfriem 2006, S. 153). Hier liegt die Rolle des Nachhaltigen Business Development Managements.

3.4 Nachhaltige Zukunftsmärkte und Innovationen

Der Aufbau von Zukunftsmärkten geht einher mit dem Aufbau von Fähigkeiten im innovativen Umgang mit intern aufzubauenden sowie externen Ressourcen -oder im Schumpeterschen Sinne: „Durchführung neuer Kombinationen" (Schumpeter 1961, S. 95; ferner: Duschek 2002, S. 116 ff.). Hier geht es dann vor allem darum, organisatorische Lernprozesse systematisch zu gestalten und zu begleiten: „Wirkliches Lernen erweist sich in sofern als Verlernen: es muss verlernt werden, dass die bisherige Art und Weise, mit bestimmten Problemen umzugehen, tatsächlich die richtige und angemessene ist" (Pfriem 2006, S. 153).

Technologie, die Art wie wir uns organisieren, und die Wege, wie wir unsere Produkte und Dienstleistungen an den Mann und die Frau bringen, unterliegen Lebenszyklen. Joseph Schumpeter (1961b) hat sich unter Bezug auf den russischen Wirtschaftswissenschaftler Nikolai Kondratiev intensiv mit Fragen ökonomischer Zyklen befasst, deren Auslöser für ihn der technologischen (Basis-) Innovation und daraus resultierende Veränderungen in Produktion und gesellschaftlicher Organisation sind. Seine Überlegungen wurden von vielen Seiten aufgegriffen und flossen nicht zuletzt auch in Produkt- und Marktlebenszyklustheorien (vor allem: Vernon und Wells 1966) ein.

Das Problem einer Lebenszyklusbetrachtung ist, dass es sich nur um eine heuristische Annäherung handelt. Niemand kann zeitnah sagen, ob nicht der Lebenszyklus durch Innovationen oder Marktverschiebungen plötzlich abbricht (als warnendes Beispiel seien das klassische Mobiltelefon und mit ihm Nokia genannt) oder ob man vielleicht nur gerade eine „Delle" (Moore 2002) erwischt hat. Wo man wirklich gestanden hat, lässt sich nur rückblickend sicher feststellen. Wie nah oder wie fern das Ende eines Lebenszyklus ist, lässt sich zum Beispiel an dem Grad der Komplexität, den eine Technologie oder ein Prozess (im Verhältnis zu anderen Technologie) erreicht hat, prognostizieren. Oder sarkastisch formuliert: Eine Branche, die einem eine Start-Stopp Automatik, einen „Segeln" – und einen Zweizylinder-Modus verkauft, hat wahrscheinlich den Absprung verpasst – oder sollte sich einmal Gedanken über Sinn und Nachhaltigkeit der Lösung machen.

Die spannende Frage für das Business Development ist jedoch immer, welcher neue Zyklus sich als nächstes auftut, das heißt, welche (anstehenden) Innovationen das Potenzial haben, fundamentale Veränderungen in Produktion und gesellschaftlicher Organisation anzustoßen. Diese Fragestellung geht vor allem auf die Arbeiten von Leo A. Nefiodow (1990) zurück. Dazu ein paar Überlegungen. Schaut man sich die ersten Kondratiev Zyklen, etwa das Zeitalter der Mechanisierung an, so war deren Ausbreitung eher flach, die Effekte regional begrenzt (die erste Welle der Industrialisierung fand zunächst in wenigen Regionen in England statt). Das iPhone dagegen hat sich seit 2007 in kürzester Zeit über den Erdball verbreitet, die Flanken des resultierenden Zyklus (Stichwort: App-Economy) stiegen steil an. Das heißt, während die Zyklen einen zunehmend globalen „Impact" haben, werden die Flanken der Zyklen nach oben und nach unten steiler (siehe den steilen Absturz von Analogfotografie, Tastentelefon, SMS etc. und den steilen Aufstieg von Instagram, Smartphone und WhatsApp). Offen bleiben immer die Fragen, welche Sektoren in welchem Maße betroffen werden, und wie sich soziale, ökonomische, ökologische und kulturelle Bedingungen verändern. Wie werden sich App- und Sharing-Ökonomie (Uber, MyTaxi) und autonomes Fahren wo und wann auf die Taxi- und Transportwirtschaft auswirken? Wird es eine Plattformbildung und neue Abhängigkeiten geben („The winner takes ist all?")? Wird es regulatorische „Bremsen" geben? Da hier Emergenz im Spiel ist, also unterschiedliche Faktoren zusammenkommen, die auch plötzlich zu neuen marktlichen oder gesellschaftlichen Organisationsformen kumulieren, kann man das letztlich nie voraussagen, sondern man muss sorgfältig beobachten und geeignete Anpassungsmaßnahmen im Köcher haben: ein funktionierendes Früherkennungs- und Reagiblitätsmanagement sind nach wie vor und zunehmend zentraler Schlüsselfaktor für den künftigen Unternehmenserfolg (Becker 1993).

Die Frage ist angesichts der oben angeschnittenen geopolitischen Rahmenbedingungen nicht mehr, ob die schmutzigen (industriell dominierte) Zyklen durch neue saubere (ökologisch ausgerichtete Zyklen) ersetzt werden, sondern eher, welche Zyklen in welcher Reihenfolge und zu welchem Zeitpunkt entstehen (siehe Abb. 3.4).

Um die weitere Entwicklung einkreisen zu können, sollen uns folgende fünf axiomatische Gesetzmäßigkeiten helfen:

1. Axiom: Innovation ist die Verbesserung von Fähigkeiten im Bezug auf neue Umweltbedingungen
In einer sich schnell drehenden Welt, verändern sich die Umweltbedingungen (im Sinne der Markt- aber auch der marktübergreifenden Bedingungen) unter Umständen radikal (die App-Ökonomie hatte wir oben schon erwähnt,

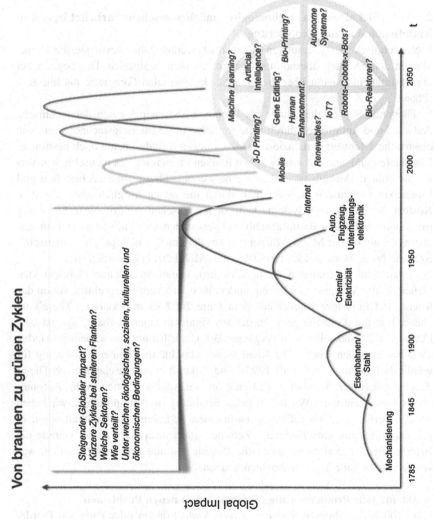

*Darstellung: Lutz Becker (2014), in Anlehnung an Hargroves, K. & Smith, M.(2005): The Natural Advantages of Nations: Business Opportunities, Innovation and Governance in the 21st century, London (Earthscan) :17

Abb. 3.4 Von schmutzigen zu sauberen Zyklen – eigene Darstellung nach Hargroves und Smith (2005)

die Energiewende setzt die Energiebranche unter Handlungszwang sowie wie Tesla, Apple und Google die Automobilindustrie unter Druck setzen). Innovation bedeutet immer auch, die Spielregeln der Märkte unter den jeweils neuen Bedingungen festlegen zu können.

2. Axiom: Bei allem, was technologisch möglich erscheint, arbeitet irgendwo irgendjemand an der Realisierung

Viele technische Entwicklungen galten noch wenige Jahre bevor sie die Dominanz in den Märkten übernommen haben, als nicht realistisch. Das beginnt bei der Festplattenkapazität über die Qualität der Digitalen Fotografie bis hin zum iPhone.

Fliegende Pkws galten lange als Utopie. Inzwischen können der technische Aufwand und Anfälligkeit durch neue Antriebs- und Steuerungstechnologien, wie elektrische Triebwerke, reduziert werden. Fliegen erfordert heute noch bestimmte Fähigkeiten und geht mit relativ hohen Risiken im Bereich des menschlichen Versagens einher. Deshalb ist es bislang notwendig, Flugscheine zu bestehen und Flugpraxis nachzuweisen. Vor allem durch die neuen Möglichkeiten aus dem Kontext der autonomen Systeme kann dem Menschen die komplexe Steuerung im dreidimensionalen Raum absehbar abgenommen werden, sodass sich möglicherweise ein breiter Markt eröffnet und aus der einstigen Utopie ein realistisches Szenario (z. B. Mack 2015; Starr 2015; AeroMobil 2017) geworden ist.

Gerade die sogenannten Branchenkenner laufen an solchen Gabelpunkten Gefahr, in die Sackgasse zu laufen, anders lässt sich zum Beispiel das Votum des Microsoft CEO Steve Balmer aus dem Jahre 2007 kaum erklären: „There's no chance that the iPhone is going to get any significant market share. No chance." (Yarow 2012) Und selbst sein Vorgänger Bill Gates hat noch in seinem im Herbst 1995 erschienenen Buch „The Road ahead" das Internet keiner Erwähnung für würdig befunden (Gates et al. 1995). Die Zukunft wird entscheiden, ob Dieter Zetsche mit seiner skeptischen Einschätzung zu Apples Einstieg in das Automobilbusiness Recht hat: „Wir haben lange Erfahrung im Automobilbau, wir haben das Auto erfunden. Und Erfahrung ist in einem so komplexen Geschäft wie dem Automobilbau mit entscheidend" (Zetsche, zitiert nach Welt 2015). Gerade die Brancheninsider sind blind, wenn die Regeln von außen geändert werden, was wir gerade im Falle Tesla beobachten können.

3. Axiom: Jede Problemlösung führt wieder zu neuen Problemen

Um 1900 herum drohten Städte wie New York, London oder Paris, im Pferdedreck zu ersticken. Da schien das Auto die ideale Lösung für ein gravierendes Umweltproblem zu sein. Die Folgen kennen wir.

Die Verwendung natürlicher Öle für Tenside in Wasch- und Reinigungsmitteln wurde gegen Ende des letzten Jahrhunderts als ökologischer Quantensprung gegenüber der Verwendung von mineralische Ölen gefeiert. Durch die Massenverwendung von Palmfetten (Wikipedia 2017a) hat sich allerdings die ökologische Ausgangslage dermaßen verändert, dass dringend Alternativen gefunden werden mussten und müssen.

Immer größere Windparks produzieren immer mehr CO_2-freien Strom, bringen die Stromnetze aber an ihre Belastungsgrenze, sodass neue Lösungen für Netzsteuerung und Speicherung gefunden werden müssen.

Das sind nur einige Beispiele dafür, dass höchst sinnvolle Innovationen, schon allein durch ihre massenhafte Anwendung, neue und vielleicht unerwartete Probleme nach sich ziehen. Es ist deshalb höchst unwahrscheinlich, dass eine Innovation zu einem „ewigen Optimum" führen wird.

Oft ist es gerade der Erfolg, der ansonsten relativ unproblematische Technologien zu Problemtechnologien macht. Man denke an den Widerstand gegen die „Verspargelung" unserer Natur- und Kulturlandschaften (Becker 2011).

4. Axiom: Alle Technologien sind Technologien des Übergangs zu neuen Technologien

Nicht nur vor dem Hintergrund des 3. Axioms, sondern auch vor dem Hintergrund eines sich selbst bezweckenden technischen Fortschritts, der die Menschheit seit der Aufklärung im wahrsten Sinne des Wortes bewegt, muss man davon ausgehen, dass jede Technologie nur eine Stufe auf dem Wege der Weiterentwicklung sein wird.

Auch wenn heute in der Batterietechnik Lithium möglicherweise der Stand der Technik zu sein scheint, heißt das noch lange nicht, dass Lithiumbatterien das Ende der Evolution sind. Im Gegenteil gibt es ernst zu nehmende Hinweis darauf, dass wir uns der Post-Lithium Ära mit großen Schritten nähern und der Wettbewerb sich zunehmend auf „saubere" Batterien verschiebt (z. B. Trends der Zukunft 2015). Lerneffekte bei Produktion und Anwendung, Verschiebungen in der Ressourcenverfügbarkeit, auftauchende Probleme bei Herstellung, massenhafter Anwendung oder Recycling, Substitutionstechnologien und so weiter werden auch hier die wirtschaftliche Perspektive verschieben.

5. Axiom: (Gesellschaftliche) Innovation entsteht an den Rändern

Zum einen haben wir es mit Schumpeters Unternehmer zu tun, der über den Prozess der Rekombination (siehe oben) bestehende Markt-, Gewerke- und Branchengrenzen überspringt. Beispiele dafür sind etwa die Allfinanzbranche

(Heuskel 1999), die aus der Kombination aus Bank und Versicherung oder iTunes, das einmal als Rekombination aus Elementen von Musik- und Internetbusiness entstanden ist. Ähnliches werden wir zum Beispiel im 3D-Druck erleben, wenn Innovationen zwischen IT- und Druckbranche und Biotechnologie erst einmal marktgängig werden.

Ebenso lohnt sich der Blick auf die Konsumentenseite. Die Mode der Körperrasur entstand zunächst in Randschichten (z. B. in Prostituiertenkreisen aus Gründen der Hygiene) und ist heute in der Mitte der Gesellschaft angekommen und damit marktbildend. Oder Tattoos verbreiteten sich vor allem über Seeleute und Gefängnisinsassen, über die sie in die Mitte der Gesellschaft diffundierten. Modeerscheinungen, wie etwa Haremshosen, kamen zunächst über Hippies und wenige Fernreisende nach Europa und sind hier später stilprägend geworden (virblatt 2016).

Während „faire" Unternehmen, wie etwa die Wuppertaler GEPA, Gesellschaft zur Förderung der Partnerschaft mit der Dritten Welt mbH, lange Zeit vielleicht als esoterische Exoten und Nischenspieler betrachtet wurden, hat sich fast schleichend ein Milliardenmarkt (ausführlich: FAZ 2015) daraus entwickelt.

6. Axiom: Es setzen sich die Innovation durch, die das höchste Rationalisierungspotenzial hat

Rationalisierung, hier verstanden als die Anwendung des Vernunftprinzips, es geht entweder darum, ein vorgegebenes Ziel mit dem geringstmöglichen Ressourceneinsatz oder mit den gegebenen Ressourcen ein möglichst hohen Zielerreichungsgrad zu realisieren – also Aufwand zu minimieren oder Nutzen zu maximieren. Aus diesem allgemeinen Rationalprinzip werden das Wirtschaftlichkeitsprinzip, mit seinem Verbot der Ressourcenverschwendung, beziehungsweise das erwerbswirtschaftliche Prinzip abgeleitet, das neben Umsatz und vor allem Rentabilität in dem Mittelpunkt stellt. Das ist die DNA nach der praktisch alle Unternehmen ticken. Aber Vernunft ist im Sinne von Immanuel Kant (1781) einerseits ein objektives von der Natur „selbst aufgegebenes" also „objektives" Prinzip, hat aber andererseits eine subjektive und damit die „natürliche" Vernunft limitierende Komponente. Während man erwarten kann, dass Unternehmen, die nach dem Wirtschaftlichkeits- und Ertragsprinzip handeln, die Kosten niedrig und Erträge hoch halten werden, agieren Konsumenten nach anderen Vernunftprinzipien. Sie pendeln zwischen den beiden Polen Aufwands- und Kostenminimierung (billig, schnell, einfach) und Nutzenmaximierung (lustorientiert, hedonistisch, sinnsuchend) und oft auf geradezu paradoxe Art und Weise zwischen den polyvalenten Konsumoptionen hin und her (Doebeli 1992). Das mag der Aldi-Kunde sein, der aber auch ökologische Marken, wie Armedangels (armedangels.de) oder Virblatt

(virblatt.de) als Statussymbole vor sich herträgt, oder der Umweltaktivist und Energiesparer, der seinen Urlaub mit Fernreisen verbringt, aber sein Gewissen vom Ablasshandel mit CO_2-Kompensationen beruhigen lässt. Innovationen auf beiden Polen dieser Skala funktionieren, die in der Mitte eher nicht (Becker 2006).

3.5   Die neuen Spielregeln

Es mag das ökosoziale Gewissen beruhigen und im Geschäftsbericht schön aussehen, die eigenen Praktikanten zu Nachhaltigkeitskursen in die Kindergärten zu schicken oder mit Kunden Baumpflanzaktionen zu starten. Ethisch und moralisch sind solche einzelnen Nachhaltigkeitsaktionen nach der Devise „Wasch mich, aber mach mich nicht nass!" zu installieren eher grenzwertig, weil sie allzu gerne den Blick vom Wesentlichen ablenken. Letztlich geht es doch darum, Nachhaltigkeit grundlegend und allumfassend tief in Geschäftsmodellen und Geschäftsprozessen zu verankern und letztlich den Idealzustand einer völligen Harmonie zwischen Ökonomie, Umwelt, Sozialem und ethisch-kulturellen Fragestellungen als Leitbild anzustreben und das auch wirklich substanziell in Strategien und Prozesse einzubringen. Dazu gehört es auch im klassischen strategischen Sinne subversiv zu handeln und Spielregeln der Branche zu verletzen.

Es gab Zeiten, in der man es „wegen der Arbeitsplätze" noch als selbstverständlich hinnahm, dass der kleine Bach in meiner Nachbarschaft noch alle Farben des Regenbogens annehmen konnte, je nachdem, was die Färberei am Oberlauf gerade produzierte. Seither ist Umweltschutz in vielen Lebens- und Wirtschaftsbereiche durchdrungen. Die Narrative von heute, wie „Laudatio Si" (Papst Franziskus), „Road to Dignity" (Ban Ki Mun), „COP21" (Vereinte Nationen) gehen deutlich weiter und sind deutlich konkreter als 1971 – und wir haben sicher noch nicht das Ende der Fahnenstange erreicht.

Das kann nicht ohne Konsequenzen für die Legitimationsbasis von Unternehmen, für Unternehmensstrategien und Business Development Management sein. Die Karten werden gerade neu gemischt und die Spielregeln an der einen oder anderen Stelle schon neu gespielt. Das Fenster der Möglichkeiten für nachhaltiges Business Development wird so gesehen definitiv kleiner (siehe Abb. 3.5).

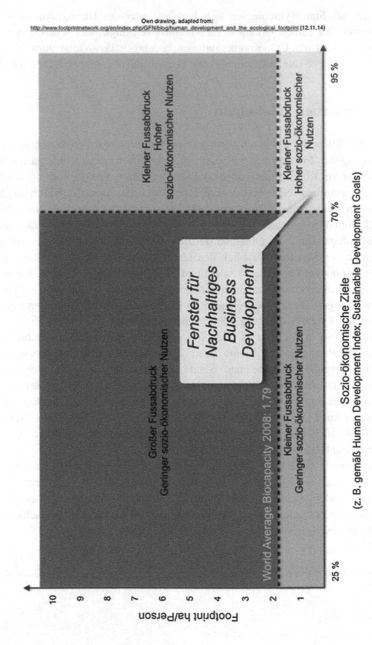

Abb. 3.5 Das nachhaltige „Window of Opportunity" – eigene Darstellung in Anlehnung an The Global Footprint Network

Die Konsequenzen für die künftige Entwicklung von Unternehmungen seien hier nochmals mit den folgenden Thesen zusammengefasst

1. Völlige Nachhaltigkeit ist ein nicht zu erreichender Zustand. Nachhaltigkeit sollte deshalb als kontinuierlicher und dringlicher Prozess verstanden werden.

2. Ein bisschen Nachhaltigkeit funktioniert nicht, sondern man muss sie in allen Konsequenzen anstreben.

3. Notwendigerweise müssen Businessmodelle und Wertketten deshalb regelmäßig und radikal (an die Wurzel gehend) auf den Prüfstand gestellt werden.

4. Die Vision des völligen Ausgleichs, also nicht mehr zu (ent-)nehmen, als man zurückgeben kann, nennen wir es Kreislaufwirtschaft oder „Cradle-to-Cradle", oder gar eine positive Bilanz zu erzielen sollte, auch wenn sie heute noch nicht realistisch erscheint, als Leitbild angestrebt werden.

5. Die (natürlichen) Grenzen des stofflichen beziehungsweise mengenmäßigen Wachstums haben wir in vielen Markt- und Lebensbereichen weit überschritten, deshalb ist es unvermeidlich, in Nichtwachstums- beziehungsweise qualitative Wachstumsszenarien einzutreten.

6. Zieht man die unterschiedlichen Szenarien in Betracht, wird es notwendiger in wenigen Jahren eine massive Verschiebung in den Märkten geben, die – wie immer – Chancen und Risiken eröffnen.

7. Ein institutionalisiertes nachhaltiges Business Development kann und sollte dazu beitragen, diesen Weg zu begleiten.

Die Werkzeuge des Business Development Managers

4

Vor diesem Hintergrund werden im Folgenden bewährte Frameworks, Methoden und Tools vorgestellt, die teilweise für das Business Development entwickelt oder dafür angepasst wurden.

Ein Großteil der hier vorgestellten Methoden basieren auf Prinzipien des „Visual Managements". Ursprünglich aus Produktentwicklung und Design kommend, haben sich verschiedene auf Visualisierung fokussierte Methoden, bekannt als Design Thinking (Rowe 1987; Wavhal 2015; Scheer et al. 2012) oder Visual Management als „Enabler" für kollaboratives Management (Eppler und Platt 2009) durchgesetzt. Im Business Development Management müssen Entscheidungen von mehreren Beteiligten bei hoher (technischer) Komplexität und Dynamik, unter situativer Unbestimmtheit sowie strategischer Unsicherheit und Ergebnisoffenheit getroffen werden. Deshalb spielt die Art und Weise der Wissenskonstruktion und der partizipativen, kollaborativen Entscheidungsfindung als Ergebnis von immer wiederkehrenden Perspektivwechseln eine zentrale Rolle. Ohne ein gemeinsames Verständnis von dem, was getan werden soll und der gegenseitigen Positionen der Beteiligten, wird man früher oder später scheitern.

Es geht um die kollaborative Bewältigung komplexer Struktur- und Prozessfragen, in der in der Regel eine Vielzahl von internen Experten und Abteilungen beteiligt ist. Zudem sind oft externe Entitäten in den Prozess mit einzubeziehen, wie Lieferanten oder Vertriebspartner.

Das Business Development „Problem" sollte also immer unter wechselnden Perspektiven und unter Beteiligung unterschiedlicher Stakeholder betrachtet werden, wobei die jeweiligen Frameworks oder Modelle quasi Mikroskope mit unterschiedlichen Brennweiten sind, die das Objekt aus unterschiedlichen Perspektiven beleuchten. Der Wechsel der Perspektiven und die Gespräche darüber sind letztlich der Treibstoff, der das Business Development Management in einem kreativen und kollaborativen Sinne befeuert.

© Springer Fachmedien Wiesbaden GmbH 2018

L. Becker, *Nachhaltiges Business Development Management*,

essentials, https://doi.org/10.1007/978-3-658-20089-3_4

Hier sollen drei wesentliche Zugänge vorgestellt werden:

Zunächst wird der konzeptionellen Ansatz (Governance-Perspektive) vorgestellt, der als Leitstrahl oder Fahrplan des Business Developments (Strategy Process), die strategischen Inhalte (Strategic Content) sowie die Spielregeln für beides strukturiert.

Die zweite Perspektive (Architektur-Perspektive), die wir anschließend vorstellen, betrachtet dann aus welchen wesentlichen Elementen das oder die Geschäftsmodelle zusammengesetzte werden.

Drittens geht es darum, wie in diesem Kontext die Wertschöpfungsprozesse bzw. die Wertschöpfungsarchitektur im Sinne des Zusammenspiels verschiedener Wertschöpfungsprozesse konkret und möglichst effizient gestaltet werden (Prozessperspektive).

Die hier vorgestellten Frameworks helfen, komplexe Probleme strukturiert anzugehen. Es wäre aber auch vermessen, von einem Ansatz gleich Wunder zu erwarten. Üblicherweise muss man eigene Erfahrungen sammeln, den Prozess vielleicht mehrfach durchlaufen oder individuelle Anpassungen vornehmen.

4.1   Der konzeptionelle Ansatz

Der konzeptionelle Ansatz (Becker 2008) ist der Fahrplan für das Business Development Management (siehe Abb. 4.1). Im Gegensatz zu herkömmlichen Modellen, wie wir sie zum Beispiel vom Innovationsmanagement her kennen, geht es darum, sich vom klassischen linearen Denken (z. B. 1. Ideenfindung – 2. Planung – 3. Umsetzung – 4. Kontrolle) zu lösen, und uns stattdessen im Sinne eines agilen Vorgehens iterativ in Zyklen und Schleifen vorwärts zu bewegen.

Es geht bei allen Frameworks darum, Komplexität handhabbar zu machen, indem komplexe Aktivitäten gruppiert und „in Schubladen gesteckt" werden, um sie besser strukturieren, analysieren, bewerten und bearbeiten zu können. Mithilfe des hier vorgestellten Ansatzes können Annahmen einfacher auf Plausibilität geprüft und vor allem strukturierte Kommunikationen um das Thema ermöglicht und gestalten werden.

4.1.1   Den Anker werfen: Mission, Vision und Werte schaffen Orientierung

Am Anfang steht der normative Rahmen. Dieser wird sinnvollerweise in Form eines Leitbilds verschriftlicht. Das Leitbild dient quasi als Anker in stürmischer See. Auch wenn sich die Rahmenbedingungen ändern, schafft ein gutes Leitbild

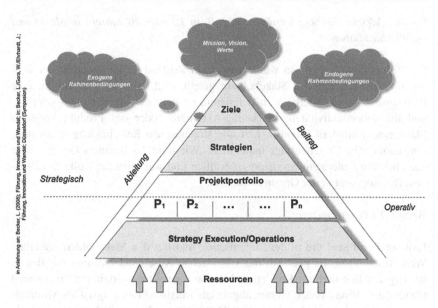

Abb. 4.1 Konzeptioneller Ansatz des Business Development Managements (zgl. Canvas)

Stabilität und Orientierung. Zudem ist das Leitbild die oberste Spielregel und Verhandlungsgrundlage für alle weiteren Entscheidungen im Unternehmen und mit seinen Stakeholdern. Sinnvollerweise gliedert sich das Leitbild in drei Grundfragen.

Mission: „Was genau ist unser Business?"

Die Mission beschreibt den fundamentalen Zweck der Organisation. Hier wird der relevante Markt definiert. Es macht etwa einen großen Unterschied, ob sich ein Unternehmen der Automobilbranche als Fahrzeughersteller oder als Mobilitätsanbieter definiert. Als Fahrzeughersteller steht man im Wettbewerb zu anderen Fahrzeugherstellern. Als Mobilitätsanbieter kommen ganz andere Aspekte und Wettbewerbssituationen dazu. Dann werden auf einmal Bus und Bahn oder Fahrdienste Teil des relevanten Marktes. Zur Mission gehören gegebenenfalls auch Schwerpunktsetzungen, z. B. im Hinblick auf bestimmte geografische Regionen, Kundengruppen, Technologien, Anwendungen und Services.

Aus der Mission leiten sich aber auch Verpflichtungen des Business Developments gegenüber der Organisation sowie Leistungskriterien, an denen sich das Business Development messen lässt, ab sowie im Gegenzug auch die Erwartungen, die an die Unterstützung durch die Organisation gestellt werden können.

Vision: „Welche Stellung werden wir (z. B. in 10 oder 20 Jahren) in Markt und Gesellschaft haben?"

Die Vision hingegen ist ein wünschenswerter Zustand in der Zukunft, der analog zur Mission, mit den Stakeholdern geteilt wird. Hier geht es darum, eine Blaupause oder ein Szenario zu definieren, an dem sich nicht nur Forschungs- und Innovationsaktivitäten, Marketing-Aktivitäten oder das Produkt Portfolio Management sondern grundsätzlich alle strategischen Entscheidungen orientieren können. Die Gretchenfrage lautet hier: „Wie trägt das Business Development dazu bei, die Unternehmensvision zu erfüllen und was wird die Rolle des Business Development in der Organisation sein."

Werte: „Wofür stehen wir?"

Last not Least sind die in der Organisation und mit den Stakeholdern geteilten Werte festzulegen. Es geht um die konstruktive Auseinandersetzung mit den in der Organisation und mit Kunden und Partnern geteilten Werten, um „Emotional Ownership". Eine aus den Werten abgeleitete Maxime könnte, quasi als Minimal- voraussetzung, heißen, dass jede neue Aktivität umweltfreundlicher sein wird, als die bisherige. Werte sind nicht zwingend konsistent oder unverrückbar, und daher immer Gegenstand einer kritischen Auseinandersetzung. Die zu klärende Schlüssel- selfrage lautet hier: Welche Kernwerte des Unternehmens soll das Business Deve- lopment durch seine nach außen und in die Organisation hineintragen?

4.1.2 Die Unternehmensumwelt: Exogene Rahmenbedingungen

Als nächstes geht es darum, sich ein möglichst präzises Bild von den externen wirtschaftlichen, sozialen, ökologischen und kulturellen Rahmenbedingungen zu machen, in denen sich die Unternehmung bewegt. Wichtig ist dabei, dass es weni- ger um das Hier und das Jetzt geht, sondern dass es vor allem darum geht, Entwick- lungen und Pfadabhängigkeiten zu identifizieren und strategisch nutzbar zu machen.

Dabei geht man sinnvollerweise mit einer Art Trichter vom Großen zum Kleinen vor. Zunächst analysiert man sinnvollerweise das weite Umfeld der Organisation. Wie verändern sich wirtschaftliche, soziale oder ökologische Rah- menbedingungen? Es geht darum zu verstehen, wie man Gefahren und Risiken frühzeitig erkennt und Chancen möglichst frühzeitig nutzbar macht. Hierfür bietet sich die sogenannte PESTEL Analyse (Gassner 2007) an.

Mit ihrer Hilfe wird folgende Leitfrage beantwortet: „Welche Umweltfaktoren beeinflussen die Organisation und ihr Business jetzt und in Zukunft." Daher ist es aufgrund der strategischen Ausrichtung durchaus sinnvoll, auch Langfrist-Szenarien auf Basis der PESTEL Analyse zu erstellen.

Die nächste Analyse betrifft das Wettbewerbsumfeld beziehungsweise die Branche. Auch hier geht es darum, die Dynamik zu verstehen und einen Blick in die Zukunft zu werfen. Für die Industrieanalyse, wie Michael E. Porter sie nennt, bietet sich das 5-Forces Framework an.

Darüber hinaus können noch weitere, etwa markt- oder kundenbezogene Analysen, durchgeführt werden. Auch hier geht es darum, Dynamik zu verstehen, und frühzeitig die Weichen in die richtige Richtung zu stellen.

▶   Hilfreiche Zugänge: PESTEL Analyse, 5-Forces Analyse, qualitative und
    quantitative Marktforschung.

4.1.3   Endogene Analyse

Diese Analyse dient vor allem dazu, Ressourcen, Fähigkeiten und Kompetenzen der Organisation zu erfassen, um sie in Relation zu den exogenen Rahmenbedingungen setzen zu können. Auf dieser Basis wird vor allem der organisatorische Entwicklungsbedarf deutlich. Die Frage ist immer, ob das Unternehmen die richtigen Kompetenzen besitzt, um die strategischen Bedingungen in der Zukunft zu erfüllen, und welche Maßnahmen im Bezug auf Organisationsentwicklung, Personalaufbau oder Innovationsfähigkeit zu treffen sind, um die Kompetenz der Organisation in diese Richtung zu entwickeln.

▶   Hilfreiche Zugänge: Produktportfolio, Kundenstrukturanalyse, Lebens-
    zyklusanalysen sowie Werkzeuge der Personal- und Organisationsent-
    wicklung.

4.1.4   Die großen Ziele

Ist nun das Leitbild verschriftlicht und sind die endogenen und exogenen Rahmenbedingungen geklärt, beginnt die eigentliche Reise des Business Developments. Zunächst muss das große Ziel der Reise definiert werden.

Hier geht es darum, die „ganz großen" Ziele der Organisation festzulegen, die Big Points. Typischerweise nimmt man sich hier maximal 5–7 Ziele vor, die – im Gegensatz zur Vision – schon SMART (specific, measurable, attractive, realistic, time-lined) (Heindl 2007) sind, das heißt so herausfordernd, präzise formuliert und damit, mess- und terminierbar sind, dass sie für die Entwicklung der darunterliegenden Strategien eine klare Orientierung darstellen und die großen Meilensteine abgeleitet werden können.

Wir sprechen auch von Moonshot-Goals: X (vormals Google-X) ist die Innovationstochter der Alphabet-Holding und arbeitet auf Basis sogenannter Moonshots. Die Geschichte des Konzeptes geht auf das Jahr 1962 zurück. Am 12. September spricht der US-Präsident John F. Kennedy anlässlich der ihm verliehenen Ehrendoktorwürde an der Rice University die folgenden Worte:

> Wir haben uns entschlossen, zum Mond zu fliegen. Wir haben uns entschlossen, in diesem Jahrzehnt zum Mond zu fliegen und noch andere Dinge zu unternehmen, nicht weil es leicht ist, sondern weil es schwer ist, weil das Ziel dazu dient, das Beste aus unseren Energien und Fähigkeiten zu organisieren und zu messen, weil die Herausforderung eine ist, der wir uns stellen wollen, die wir nicht verschieben wollen und die wir zu gewinnen beabsichtigen, genau wie die anderen auch (Kennedy 1962).

Für X-Chef Astro Teller, der sich auch gerne als „Captain of Moonshots" titulieren lässt, steht genau diese Vision im Mittelpunkt. Bei einem Moonshot geht es darum, ein globales, nahezu unlösbares Problem zu finden, eine Technologie zu identifizieren, mit deren Unterstützung man das Problem lösen könnte, und letztlich einen radikalen Lösungsweg zu gehen. Zu den Moonshots gehört das selbstfahrende Google Auto (als Taxi Bot), Google Glasses oder Lieferdrohnen (Guizzo 2016). Auch wenn das ursprüngliche Problem vielleicht niemals gelöst werden kann, begibt man sich mit der Auseinandersetzung mit diesen Zielen auf eine Reise, die voller neuer Ideen und Produkte steckt.

Natürlich wird man von einem mittelständischen Automobilzulieferer keine Moonshots vom Schlage X erwarten. Es geht vielmehr um die Qualität des strategischen Denkens. Nur wer groß denkt, der kann sinnvolle Schritte in die Zukunft definieren und wird nicht böse überrascht, wenn die Mobilität von Morgen keine Kolbenringe und Pleuelstangen mehr haben sollte. Wenn erst einmal die KPI (Key Performance Indicators, Kennzahlen) ins Rutschen kommen, ist es meist zu spät, über solche Dinge nachzudenken.

4.1.5 Strategien

Hier geht es nur darum, die Strategien und die strategiebezogenen Ziele festzulegen. Dazu gehören vor allem Definition der relevanten Märkte („Auto" oder „Mobilität"?) und Angebote, die Segmentierung der Märkte sowie Positionierung in diesen Segmenten.

Strategien werden im Wesentlichen auf vier Ebenen festgesetzt

1. Corporate Strategy

Strategie auf Ebene des Gesamtunternehmens

Vor allem: Festlegung der relevanten Märkte und Geschäftsfelder

Leitfrage: In welchen Geschäftsfeldern wollen wir tätig sein und in welchen nicht?

2. Business Strategy

Strategie auf Ebene des Geschäftsfeldes (Branche/Industrie, Leistungsspektrum und Märkte)

Vor allem: Positionierung in den ausgewählten Geschäftsfeldern

Leitfrage: Mit welchen unterscheidbaren Kernkompetenzen und Leistungen agieren wir am Markt?

3. Competitive Strategy

Strategie auf Ebene des Wettbewerbs

Vor allem: Festlegung der eigenen Spielregeln im Wettbewerb

Leitfrage: Wie wollen wir den Wettbewerb in diesen Geschäftsfeldern bestreiten?

4. Functional Strategy

Abgeleitete Strategie zur Unterstützung und Absicherung der Business und Competitive Strategy

Vor allem: Sicherung der Kongruenz, z. B. Human Resources Strategy, IT Strategy etc.

Leitfrage: Wie können die Funktionsbereiche bestmöglich dazu beitragen, Business und Competitive Strategy zu stützen?

Mit den Strategien sind jeweils die strategischen (oder besser: strategiebezogenen) Ziele verbunden, die nicht nur den oben erwähnten SMART-Kriterien genüge tun sollen, sondern die auch daran zu messen sind, inwieweit sie an der Erreichung übergeordneten Zielen (s. o.) mitwirken, ob sie mit den obersten Zielen kompatibel und synergetisch sind oder, ob sie möglicherweise sogar damit im Konflikt stehen. Das Thema Nachhaltigkeit kann auf allen vier Strategieebenen angesiedelt werden.

4.1.6   Projekte und Projektportfolio

Strategien sind immer mit konkreten Ergebnissen verbunden. Zur Umsetzung einer Strategy sind in der Regel verschiedenste Projekte an den Start zu bringen. So werden im Rahmen einer Digitalisierung Strategie neben Projekten in der IT Abteilung auch Projekte im Bereich Marketing oder im Human Resources Management notwendig sein, die zwar als eigenständige Projekte laufen, aber auf der strategischen Ebene in einem mehr oder weniger engen Zusammenhang stehen.

So betrachtet sind Strategien niemals revoltierende Prozesse, sondern abgeschlossene Projekte mit einem konkreten Ergebnis, das zu einem bestimmten Zeitpunkt in einer bestimmten Qualität erfüllt werden soll. Dieses angestrebte Endergebnis kann in Meilensteine, Phasen und Arbeitspakete heruntergebrochen werden. Strategisch betrachtet werden Organisationen so als Summe ihrer Projekte geführt. Eine Gesamtschau der Projekte findet auf der Ebene des Projekt Portfolio Management statt. Auf dieser Ebene wird überwacht, welche Projekte wie und in welchem Umfang zur Strategieerfüllung beitragen. Sollten sich Veränderungen in den Risiken ergeben, oder Ressourcen von einem Projekt zu einem anderen verschoben werden müssen, oder kommen neue Projekte dazu? Dieses Bild erhält man am besten in der Gesamtschau eines Projekt Portfolio Managementsystem (PPM).

4.1.7   Strategy Execution

Auf der unteren Ebene geht es nur darum, wie die Strategy denn auch operativ umgesetzt werden soll. Hier geht es darum, die Ressourcen einzusetzen und die Prozesse umzusetzen und zu kontrollieren. Auf dieser Ebene bieten sich Tools, wie das Strategy Execution Cockpit oder Balanced Score Cards an, die weiter unten noch ausführlicher dargestellt werden.

4.1.8   Konsistenz-Check

Ein wichtiges Element des konzeptionellen Ansatzes ist der Konsistenz-Check. Die damit verbundene Frage lautet, inwieweit die einzelnen Ebenen dazu beitragen, das Gesamtbild auszufüllen. Zum einen sollte top down geprüft werden, ob die Ableitung von oben nach unten, vom Leitbild bis zur Ausführung, konsequent und folgerichtig durchgeführt wurde (Ableitungsfunktion). Im Gegenstrom ist dann zu prüfen, inwieweit die einzelnen Bausteine zur Erfüllung der jeweils höheren Ebene bis hin zur Erfüllung des Leitbildes beitragen (Beitragsfunktion).

4.2 Von der Konzeption zum Geschäftsmodell

Nachdem die Spielregeln festgelegt sind, geht es darum, die möglichen Geschäftsmodelle zu identifizieren und zu entwickeln. Die Geschäftsmodellentwicklung (Becker 2012a, b) ist ein zentraler Teil der strategischen Führung einer Organisation. Vor diesem Hintergrund ist erstens wichtig zu betonen, dass das Geschäftsmodell aber auch „nur" ein Baustein der Gesamtkonzeption ist und nur aus dieser Konzeption heraus sinnvoll betrachtet und entwickelt werden kann.

Es gibt verschiedenste Medien und Methoden, mit deren Hilfe Business Modelle entwickelt werden können, die sich wesentlich in ihrer Philosophie, inhaltlichen Tiefe und Komplexität unterscheiden. In der Regel wird es sich bei der Geschäftsmodellentwicklung um einen moderierten Prozess mit unterschiedlichen Arten der Visualisierung handeln.

Unabhängig von der verwendeten Methode spiegeln Geschäftsmodelle den Inhalt und die Strukturen der Transaktionen einer Unternehmung oder eines Geschäftsbereiches wider (Zott und Amit 2010). Während Geschäftsmodelle bei Start-Ups (die Gründungsideen) in der Regel eine relativ simple Angelegenheit sind, sieht das bei „erwachsenen" Unternehmungen schon ganz anders aus. Hier gibt es mitunter eine Vielzahl von parallelen Geschäftsmodellen, die im Zusammenhang aber mitunter auch im Konflikt stehen oder sich sogar kannibalisieren. Bei multiplen Geschäftsmodellen oder Geschäftsmodelllandschaften (-portfolios) steigt die Komplexität geradezu exponentiell.

Im Wesentlichen sollen die hier vorgestellten Modelle folgende Fragen beantworten, wie Werte erzeugt, zu marktgerechten Leistungen transformiert und möglichst nachhaltig gesichert werden:

Wie wird die Architektur der Wertschöpfung vor dem Hintergrund der geplanten Innovationen aussehen, und wie und mit welchen Teilsystemen (Mensch-Maschine Kombinationen) und Prozessen wird die Leistung erstellt?
Welche Akteure (einschließlich der bereits erwähnten Stakeholder) sind in welchen Rollen (als Erzeuger, Empfänger oder Beeinflusser) an der Wertschöpfung beteiligt?

Welche Rolle spielt das marktliche und außermarktliche Umfeld, und welche Leistungen werden auf welchen Märkten bezogen oder angeboten? (Input-Output-Betrachtungen).
Welche Institutionen (Regulative) sind an der Wertschöpfung beteiligt?
Was wird die ertragwirtschaftliche Basis sein: Wodurch wird Geld verdient? (Becker 2008, S. 40).

Während das Tempelmodell (Becker 2008) relativ komplex ist (siehe Abb. 4.2), sich dafür gut als Einstieg in die konkrete Businessplanung eignet, ist das Modell von Osterwalder und Piceur (2010) gut für die schnelle Planung geeignet.

Wie die Bezeichnung Canvas („Leinwand") schon sagt, handelt es sich auch hier vor allem um eine Visualisierungsmethode. Alexander Osterwalder und Yves Pigneur (2010) haben ein Architekturraster als „Plakat" entwickelt, das mit Hilfe verschiedenen Visualisierungsmethoden, wie Marker, Post-It® etcetera als Grundlage einer diskursiven Geschäftsmodellentwicklung im Unternehmen genommen werden kann. Ziel von Osterwalder und Piceur ist es, die zentralen Stellgrößen eines Geschäftsmodels auf eine einfache Art und Weise zu visualisieren, kritische Faktoren zu identifizieren und in eine interdisziplinäre Diskussion zu kommen. Auf diese Weise entstehen Geschäftsmodelle nicht mehr nur zufällig, sondern sie können systematisch entwickelt, diskutiert und bis zu einem gewissen Grade simuliert werden.

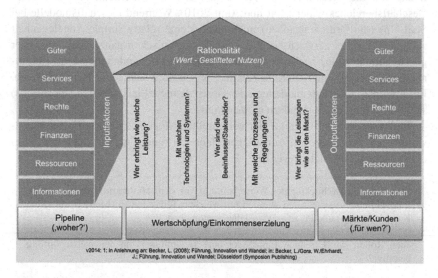

Abb. 4.2 Tempelmodell (Becker 2008)

Der Business Model Canvas besteht aus neun zugrunde gelegten Elementen, die darstellen, wie Organisationen Werte entwickeln, dem Markt andienen und abschöpfen

1. Wertversprechen (Value Proposition)
2. Partner (Key Partners)
3. Aktivitäten (Key Activities)
4. Ressourcen (Resources)
5. Kundenbeziehungen (Customer Relations)
6. Kanäle (Channels)
7. Kundensegmente (Customer Segments)
8. Kosten (Cost)
9. Erträge (Revenue Streams)

Mithilfe eines solchen Modells kann man etwa diskutieren und simulieren, welche Einflüsse Veränderungen in der Technologie (Apps) auf bestehende Geschäftsmodelle haben, oder wie daraus neue Geschäftsmodelle entwickelt werden können.

Das Tempelmodell vereinigt eine aufwändigere Visualisierung mit einer stärkeren Strukturierung. Auch hier wird wie beim Business Modell Canvas in der Regel im Workshop mit Metaplan-Karten oder bunten Sticky-Notes gearbeitet. Das Ziel ist auch hier, ein Geschäftsmodell zu strukturieren und bis zu einem gewissen Grade zu simulieren.

Das Tempelmodell hat vor allem Inputfaktoren (Kostenpositionen) und Outputfaktoren (Ertragspositionen) im Visier, diese gruppieren sich jeweils in sechs Kategorien:

- Güter (also physische Produkte)
- Services (Dienstleistungen oder Dienstleistungsanteile an den Produkten)
- Verfügungsrechte (Patente, Namensrechte etc.)
- Monetäre Faktoren (Geldströme, Cash Flows, Finanzierungsvariantenn etc.)
- Ressourcen (oft mit der Frage verbunden, ob man sich für „buy" statt „make" entscheidet)
- Informationen (und die Art der Verarbeitung und der kommerziellen Verwertung)

Das sind quasi die Dinge, die einerseits als Input benötigt und andererseits als Output erzeugt werden.

Als Dach des Tempels – es steht über dem Ganzen – wird der Unternehmens-
zweck aus Perspektive der „Stakeholder" entwickelt (siehe auch oben: Mission,
Vision, Werte). Das Leitbild wird hier nochmals mit der Frage konkretisiert:
„Welcher Nutzen wird auf welche Weise für wen gestiftet?"
Als tragende Säulen des Tempels finden wir fünf Kategorien.

1. Leistungserbringende Akteure

Welche Leistung wird von wem erbracht?
Auf welche Weise werden sie erbracht?

2. Systeme

Auf welcher technologischen Plattform soll die Leistung erstellt werden?
Welche Informationssysteme werden benötigt?
Welche Informationsmanagementfunktionen sind erfolgsrelevant?

3. Beeinflussende Akteure

Welche Stakeholder nehmen Einfluss?
Wie drückt sich dieser Einfluss aus?

4. Institutionen

Welche gesetzlichen Rahmenbedingungen sind zu berücksichtigen?
Welche Normen und Regulative spielen eine Rolle?
Nach welchen (Spiel-) Regeln wollen wir das Geschäft betreiben?

5. Leistungsverwertende Akteure

Wer verwertet mittelbar oder unmittelbar die erstellten Leistungen?
Wie stellen wir den Absatz unserer Leistungen sicher?

Und schließlich stellt die ertragswirtschaftliche Basis in diesem Modell das
Fundament dar, das heißt, es wird die Frage zu stellen sein, wie Erträge (sprich:
monetarisierbare Wertschöpfung und Wertsicherung) erzielt werden sollen/kön-
nen. Diese betrachten wir im nächsten Schritt noch einmal genauer.
Ziel des Tempels ist es, schon von der frühen Findungsphase zu einer konkreten Business-Planung zu kommen. Das bedeutet, die einzelnen Kategorien sind
so gewählt, dass man Mengen und Werte, sprich: Erträge und Kosten, zuordnen

kann. Zudem ist es so aufgebaut, dass die einzelnen Elemente – in Abhängigkeit der Strategie – schon danach hinterfragt werden können, wie sie konkret ausgestaltet werden sollen.

So kann man sich bei den Ressourcen auf der Input-Seite Gedanken über eine Make or Buy Entscheidung machen, oder darüber, ob ein Outputfaktor wirtschaftlich (zweit-) verwertet werden kann. Gerade bei Internet-basierten Geschäftsmodellen stellt sich diese Frage immer wieder. So verdient Google mit dem Kernelement des Geschäftsmodells, nämlich der Suche, keinen Cent – sieht man einmal davon ab, dass die Suchmaschine für Inhouse Anwendungen lizenziert werden kann. Erfolgreich monetarisiert werden hingegen die peripheren Dienstleistungen rund um die Suche, vor allem die Werbung. Natürlich käme bei Google trotzdem niemand auf die Idee, die Suche als nicht unmittelbar wertschöpfend „outsourcen" zu wollen.

Das Tempelmodell trägt zudem der gestiegenen Bedeutung der Informationen, Systemen und Verfügungsrechten Rechnung, indem es diese explizit zum Gegenstand des Modells macht.

Bei beiden Modellen ist deutlich zu erkennen, dass das Wertversprechen im Mittelpunkt steht: „Ultimately, business model innovation is about creating value, for companies, customers, and society. It is about replacing outdated models" (Osterwalder und Pigneur 2010, S. 4).

4.3 Vom Business-Modell zum Wertschöpfungsprozess

Machen wir uns noch einmal bewusst: Grund eines jeden wirtschaftlichen Handels ist die Befriedigung von Bedürfnissen durch die nach ökonomischen Prinzipien organisierte Bereitstellung von Produkten und Leistungen auf einem Markt. Dies wird durch Strategien, Strukturen (Geschäftsmodelle) sowie die wertschöpfenden Prozesse im Unternehmen bestimmt.

Mitte der 1980er Jahren entwarf Michael E. Porter (1999, orig. 1985) sein Konzept der Wertkette. Die Grundidee basiert darauf, dass Produkt oder Dienstleistungen das Unternehmen quasi vom Wareneinkauf bis zum After-Sales Service durchlaufen und, dass in diesem Prozess einerseits Kosten entstehen und andererseits Werte geschaffen werden, die sich letztlich in einer Gewinnmarge münden. Porter unterscheidet dabei zwischen den direkt wertschöpfenden Primäraktivitäten und den unterstützenden Aktivitäten, die quasi vonnöten sind, um den Wertschöpfungsprozess am Laufen halten. Das Modell soll dazu dienen, die Effizienz der Wertkette zu erhöhen, indem nicht unmittelbar wertschöpfende Aktivitäten reduziert, zusammengefasst oder in die Hände Dritter (Outsourcing) gelegt werden.

Mithilfe des Modells können Funktionen und Prozesse anhand ihres Wertschöpfungspotenzials beziehungsweise -beitrags (Contribution) untersucht werden. Es dient der Identifikation von Wettbewerbsvorteilen und dem Auf- und Ausbau strategischer Wettbewerbsvorteile oder Erfolgspositionen. Das Modell, im Zeitgeist der 1980er Jahre entstanden, als konsequente Effizienzorientierung, Cost Cutting, Outsourcing oder Make-or-Buy Entscheidung in Mode kamen. Zur Erinnerung: etwa zeitgleich entwickelte José Ignacio López de Arriortúa (Wikipedia 2017b) bei General Motors sein so genanntes Lopez Prinzip, mit dem er in den 1990er Jahren bei Volkswagen reüssieren konnte. Porter, und das ist die Schwäche des Modells, geht von einfachen linearen industriellen Zusammenhängen aus.

Moderne – digitale beziehungsweise von Digitalisierung getriebene – Wertschöpfungsarchitekturen sind im Gegensatz zu Porters Modell hochgradig vernetzt und damit vielschichtig. Das haben Robert Pestel und Rudi Roth bereits in den 1990er Jahren erkannt und erstmals ein Wertschöpfungsmodell im Hinblick auf die damals emergierenden digitalen Infrastrukturen vorgeschlagen. Das PVKI-Modell (Pestel und Roth 1996) ist ein einfaches, aber leistungsfähiges Modell, das sich auch zu einer Darstellung komplexerer Strukturen (bis auf Ebene der Gesamtwirtschaft) ausbauen lässt.

In ihrem Modell greifen Pestel und Roth auf vier Elemente, wir nennen sie heute die Wertschöpfungsquadriga, zurück:

P   Produkt (bzw. Dienstleistungs)- Hersteller (im folgenden Beispiel der Autor)
V   Verkäufer/Vermarkter (im Beispiel unten: der Publisher)
K   Käufer/Konsument (hier: Leser) und
I   Medium/Infrastrukturanbieter (im Beispiel unten als die „Medien" zusammengefasst)

Aufgabe von P ist es laut Pestel und Roth, den Markt mit materiellen oder immateriellen Gütern (Dienstleistungen) sowohl mit einem wettbewerbsfähigen Preis-Leistungsverhältnis als auch zeit- und mengenrecht zu beliefern.

Dazu muss er mit V oder K eine Interaktion aufbauen, wobei er auf die von I angebotene Infrastruktur (Güterlogistiker, wie die DHL oder UPS, beziehungsweise Telekommunikationsdienste, Internetservices, Plattformen, Apps etc.) zurückgreift.

V, so schreiben Pestel und Roth, „hat die Aufgabe, die Effektivität und die Effizienz des Such- und Selektionsprozesses von K bei der Auswahl von Gütern/Dienstleistungen zu erhöhen. V kann dann ausgeschaltet werden, wenn sich der Käufer direkt an den Hersteller wendet", und weiter: „K hat einerseits die Aufgabe, den anderen Spielern Einnahmen zu verschaffen, andererseits das Erworbene entweder (mehr oder weniger sinnvoll) zu konsumieren oder in höheren Verarbeitungsstufen weiterzuverarbeiten. I hat die Aufgabe, allen anderen Spielern logistische Effizienz und Vernetzungseffektivität zu ermöglichen" (Pestel und Roth 1996, S. 24 f.).

In der Wertschöpfungsquadriga bzw. der Mehrwertkette spielt das Unternehmen je nach Geschäftsmodell eine, gegebenenfalls auch mehrere Rollen, kann sich aber auch eine Rolle mit anderen Anbietern teilen (siehe Abb. 4.3).

Das Modell lässt sich auch auf Sektoren übertragen, bei denen monetäre Wertschöpfung keine oder eine nur untergeordnete Rolle spielt, also etwa Verwaltung oder Non-Profit-Sektoren. Wesentliche Aufgabe dieses Modells ist es, Risiken und Chancen in der Kette zu erkennen, etwa durch Rekombination sowie das Wegfallen oder Neuentstehung von Stufen in der Kette, durch Disintermediation und Reintermediation (King 1999, S. 54), entstehen. In einer digitalen Welt ist jedes Geschäftsmodell in diese Kette einzuordnen bzw. an ihr zu messen. Es geht darum, ob das Geschäftsmodell taugt, einzelne Elemente auszutauschen, auszuweiten oder zu rekombinieren, um dadurch die Wirtschaftlichkeit der Wertkette (Effizienz- und/oder Attraktivitäts- bzw. Wertsteigerung für die verschiedenen

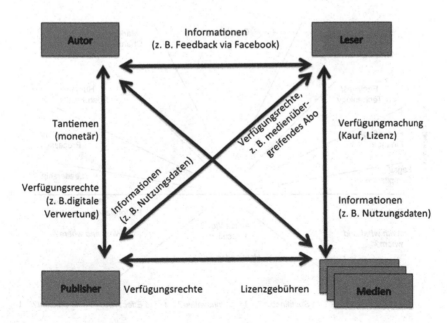

Abb. 4.3 Wertschöpfungsquadriga in der Verlagsbranche nach Pesel & Roth. (Quelle: Becker, L. 2012)

Teilnehmer) zu verbessern. Zudem dient das Modell dem Prüfen und Infragestellen der getroffenen strategischen Vorannahmen.

4.4   Maßnahmen im Team abstimmen: Strategy Execution Cockpit

Bei dem Strategy Execution Cockpit (siehe Abb. 4.4) handelt es sich auch um ein „soziales Modell", wie wir es nennen. Es geht darum, organisatorische Komplexität zu bewältigen, Aufgaben im Team zu strukturieren und – gegebenenfalls in einem moderierten Prozess – eine gemeinsame Entscheidungsfindung, Commitment und Alignment, aber auch verschiedener Logik- und Konsistenzchecks, zu ermöglichen.

In der Praxis wird auch dieses Modell als „Visual Management Tool" angewendet, in dem man den Canvas großformatig ausdruckt und darauf im Team mit Haftnotizen arbeitet.

Das Strategy Execution Cockpit ist in drei Hauptteile aufgeteilt.

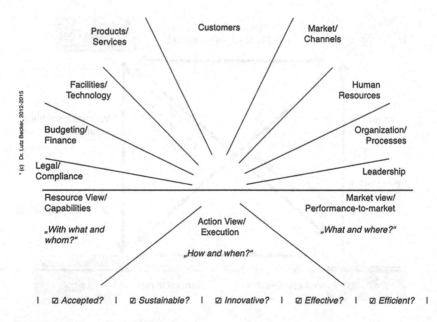

Abb. 4.4 Strategy Execution Cockpit

A) Über der horizontalen Linie, die wir Horizont nennen, stellt sich die Frage nach dem „WAS". Hier befinden sich verschiedene Maßnahmengruppen („Areas of Intervention"). Das sind die wichtigsten Management- und Führungsaufgaben und zugleich die Hebel, an denen Management ansetzen kann.

B) Unter dem Horizont wird die Frage dargestellt, WIE konkret umgesetzt wird,

C) Unter dem Horizont gibt es die sogenannten Kontrollleuchten (Check Boxes). Hier geht es darum, dass sich die Teilnehmer bei allen Maßnahmen einig sind, dass sie „grün" stehen und diesbezüglich keine ungeklärten Fragen mehr im Raum stehen.

Das Ziel ist es, die Maßnahmen und ihre Wirkung zu hinterfragen sowie mögliche Inkonsistenzen in den Maßnahmen zu identifizieren, um so ein „geteiltes" Gesamtbild von Aufgaben und Prozess zu bekommen.

4.5   Umsetzung messen: Nachhaltigkeitsorientierte Score Card-Modelle

Die Neigung vieler Manager, alles messen und mit Zahlen belegen zu wollen, ist durchaus kritisch zu sehen. Um die notwendigen Messvorgänge dennoch zu bewältigen, bietet sich die Balanced Scorecard, genau gesagt eine nachhaltigkeitsorientierte oder Sustainable Balanced Scorecard (Mahammadzadeh 2003) an (siehe Abb. 4.5).

Die klassischen Buchhaltungsdaten (Umsatz, Ertrag, Return-On-Kennzahlen etc.) sind schlicht ungeeignet, komplexe strategische Fragestellungen (mit denen wir es im Falle der Nachhaltigkeit zu tun haben) abzubilden und Fortschritte zu messen. Vor diesem Hintergrund haben Robert S. Kaplan und David P. Norton 1992 die Idee der „Balanced Scorecard (BSC)" (Kaplan und Norton 1992; Zydorek 2006) entwickelt. Die leitende Frage ist dabei, ob die Unternehmung auf dem Wege ist, ihre durch Vision und Strategie determinierten Ziele zu erreichen. Dazu erfolgen Performance-Messungen aus unterschiedlichen Perspektiven, an Finanzen, Kunden- und Prozessen sowie an den Humanressourcen orientiert. Die Idee besteht darin, durch diese Messungen die Strategieumsetzung im Sinne der künftig zu erwartenden Leistung zu quantifizieren.

Das Grundprinzip der Scorecard-Techniken ist vergleichsweise simpel, es handelt sich im Wesentlichen um Techniken des Management by Objectives (MbO). Basierend auf dem Unternehmensleitbild, bestehend aus der oben bereits entwickelten Mission („Was ist unser Geschäft?"), der Vision („Welche Rolle wollen wir in Markt und Gesellschaft einnehmen?") und den Werten („Was ist unser ethi-

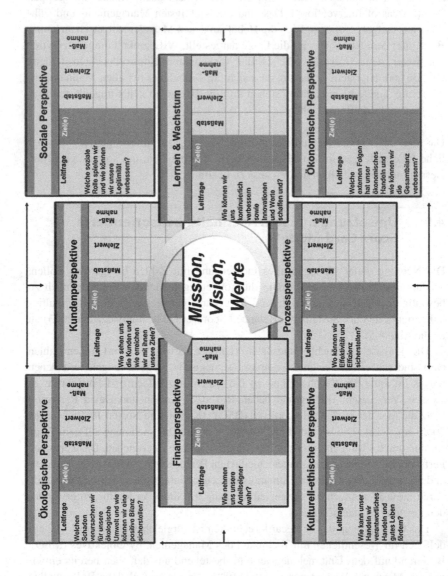

Abb. 4.5 Sustainable Balanced Scorecard

scher Auftrag?") werden verschiedene Perspektiven, zum Beispiel die der Kunden oder die der „Financial Community", eingenommen. Dieser Perspektive nähert man sich über eine Leitfrage, die dann auf konkrete Ziele heruntergebrochen wird. Bei jedem Ziel stellt sich die Frage, nach welchem Maßstab der Grad der Zielerreichung bestimmt werden soll. Zum Beispiel können aus Kundenperspektive als Maßstab der Umsatz pro Kunde oder die Wiederkaufsraten herangezogen werden. Auf diesem Maßstab legt man einen Zielwert fest, den es in der nächsten Periode zu erreichen gilt. Zuletzt legt man die konkreten Maßnahmen fest (zum Beispiel eine neues Kundenbindungsprogramm), mit deren Hilfe, die einzelnen Zielwerte erreicht werden sollen.

Bei der Balanced Scorecard geht es darum, sich spezifische Ziele zu setzen, diese operationalisierbar und damit messbar zu machen sowie über die Messung das Erreichen dieser Ziele nachzuverfolgen. Grundsätzlich sind MbO-Methoden umstritten. Die Nachteile dieses Systems sind unter anderem, dass Ziel oder Kriterien oft willkürlich oder aufgrund von Machtposition festgelegt und zu ewigen Wahrheiten hochstilisiert werden. Scorecards tragen somit nicht selten zu einer Objektivierung von Machtbeziehungen im Unternehmen bei – sie spiegeln dabei das Interesse derer wider, die diese Kriterien erstellt haben, nicht aber zwingend das Interesse der Unternehmung als Ganzes oder gar übergeordnete Interessen verfolgen. Zudem besteht die Gefahr, dass über immer gleiche Messsysteme Innovation unterdrückt, der Blick allein auf das Gemessene und Messbare verengt und somit der Maßstab, aber nicht die Sache selbst zum Ziel wird. Mit der Balanced Scorecard bedienen wir im Dienste der Kontrolle einer scheinbaren Rationalität, die sich selbst der Kontrolle entzieht. Die Landkarte ist eben nicht das Land, wie Alfred Korzybski (1958) sagt. Anderseits, und hier liegt das Paradoxon, ist die Landkarte dann doch sehr wohl das Land, wie der Philosoph Heinz von Foerster (Bröcker und von Foerster 2002, S. 300) betont: „The map is the territory because we don't have anything else but the map." Wir brauchen Landkarten, um zu erkennen, wo wir uns befinden, sonst existiert für uns die Welt nicht.

Wenn man sich von der höchst verführerischen Aura scheinbarer Objektivität nicht blenden lässt, hat die Balanced Scorecard bei aller Kritik den Charme, dass man mit der gleichen Logik ökonomische, ökologische, soziale und ethisch-kulturelle Nachhaltigkeit erfassen und damit den Implementierungsfortschritt im Hinblick auf Nachhaltigkeitsziele transparent darstellen kann. Ferner ist es möglich, die jeweiligen Scorecards mit einer Nachhaltigkeits-Roadmap (s. u.) zu verbinden und so eine Zielhierarchie von der Generationengerechtigkeit über langfristige Ziele bis hin zur konkreten kurzfristige Operationalisierung von Zielen zur Erreichung übergeordneter Ziele zu implementieren.

Dabei stellt sich die Frage nach dem Stellenwert der Nachhaltigkeit. Zusätzliche Nachhaltigkeits-Messgrößen innerhalb der vier klassischen Scorecards werden immer dazu führen, dass Nachhaltigkeit nur aus einer sehr engen Perspektive (Kunden, Finanzen etc.) betrachtet und gemessen wird, was einem ganzheitlichen Anspruch kaum gerecht werden kann.

Dieser Argumentation folgend, sollte jenseits der Mikrosphäre („unsere" Unternehmung und deren betriebswirtschaftliche Aktivität, die in der klassischen Balanced Scorecard dargestellt ist) und Mesosphäre (in der klassischen BSC auf Kunden- und Finanzperspektive reduziert) die Makrosphäre (direkte und indirekte Wechselwirkungen mit der Außenwelt) berücksichtigt werden.

Sicherlich kann Kritik an einer möglicherweise zu hohen Komplexität dieser Betrachtungsweise geübt werden. Dem wäre aber zu entgegnen, dass sich ein Unternehmen (und damit auch das Business Development) dieser Fragestellungen nicht entziehen kann und, dass die betrieblichen Informationssysteme im 21. Jahrhundert (Becker et al. 2012) so ausgereift sind, dass es hinreichend Lösungen zur Komplexitätsbewältigung gibt: Der zusätzliche Aufwand wird sich deshalb in Grenzen halten.

Der Charme der Sustainable Balanced Scorecard, sofern man sie geschickt als unterstützendes Instrument einzusetzen weiß, besteht nicht zuletzt darin, dass man die verschiedenen Management-Interventionen transparent darstellen, gewichten und „tracken" kann. Zudem können im Prozesse der Entwicklung der jeweiligen Scorecard mögliche Interdependenzen, Konflikte und Paradoxien frühzeitig transparent gemacht und somit besser bewältigt werden.

4.6   Die Zeitachse managen: Sustainable Roadmapping

Wie aber kann ein Unternehmen auf den Pfad der Nachhaltigkeit gebracht werden? Ein Werkzeug ist das sogenannte Roadmapping, das auf die System Dynamics von Jay Wright Forrester (1918–2016) zurück geht (Forrester 2005).

Roadmaps werden vor allem in der Politik, der strategischen Unternehmensführung, im Produkt- und Innovationsmanagement sowie in der IT- und Softwareentwicklung angewendet. Zudem kann das Roadmapping als Grundlage für Business Pläne und Budgets dienen.

Ziel des strategischen Roadmapping ist es, die verschiedenen Elemente der Strategieentwicklung und -implementierung in einen grob strukturierten, zeitlich koordinierten und konsistenten Ablauf zu überführen. Im strategischen Management bedeutet Roadmapping, dass Unternehmensstrategien und daraus abgeleitete Bereichsstrategien (zum Beispiel Produkt-, Marketing-, IT- oder Are-astrategien) in zeitlich und inhaltlich abgegrenzte Phasen (Episoden, Teilprojekte) aufgeteilt und in der Regel Meilensteine (im Sinne von Zwischenzielen) festgelegt werden.

Den Phasen können dann in einem weiteren Schritt Einzelprojekte oder Arbeitspakete und die entsprechenden Ressourcen (finanzieller, personeller und infrastruktureller Art) zugeordnet und in ein Projektportfolio überführt werden (Top-Down).

Im Gegensatz zum klassischen Portfoliomanagement, bei dem Projekte im Hinblick auf verschiedene Kategorien gegeneinander gewichtet werden, geht es beim Roadmapping vor allem darum, zum richtigen Zeitpunkt den richtigen Teil der (Unternehmens-) Strategie zu realisieren und die verschiedenen Teilstrategien zu einer inhaltlich und auf der Zeitachse konsistenten Gesamtstrategie zusammenzuführen.

Im Unterschied zu einem Projektplan werden in einer Strategie-Roadmap auch die endogenen und exogenen Rahmenbedingungen (Trends) in das Phasenmodell mit einbezogen, andererseits ist die Granularität geringer. Das heißt, es werden keine Arbeitspakete, sondern nur (Haupt-)Phasen und gegebenenfalls einige ganz zentrale Meilensteine definiert.

Strategisches Roadmapping erstreckt sich üblicherweise auf mehrere Jahre, typischerweise mindestens fünf Jahre, mitunter aber auch weit darüber hinaus. Je nach Unternehmen und Branche wird die Roadmap einmal im Jahr einem systematischen Update unterzogen.

Vor dem Hintergrund der Nachhaltigkeit liegt es dann nahe, dass diese Frameworks so aufgebaut sein sollten, dass sie nicht nur die innere Sphäre des Unternehmens betrachten, sondern insbesondere auch die externen Effekte unternehmerischen Handelns und der Rolle der Unternehmung als „governance-politischer Akteur", der sich strategisch in die Gestaltung der Spielregeln von Markt und Gesellschaft einbringt, in die Betrachtung einbezieht.

Die Sustainable Roadmap basiert auf vier zentralen Betrachtungsfeldern (siehe Abb. 4.6):

1. Weather Conditions („Großwetterlage") sind als Daten zu verstehen und beschreiben die außermarktlichen Umfeldbedingungen. Sie orientieren sich dabei an der sogenannten PESTEL-Analyse (das systematische Auswerten

		Roadmap							Finish Line	Compass
		y±d	y+1	y+2	y+3	y+4	y+5	y+6	long-term Goals	Mission Statement
WEATHER CONDITIONS	Political									
	Economical									
	Societal									
	Technological									
	Ecological									
	Legal									
FLEET	Competitors									
	Customers/Channels									
	Consumers									
	Substitutes									
	Supply Chain									
	further Stakeholders									
COURSE	Environment									
	Markets									
	Ressources									
	Market and Competition Rules									
	Business Model									
	Value Chain									
WAYPONTS	Financial									
	Customers/Channels									
	Human Resources									
	Technology									
	Economical Sustainability									
	Social Sustainability									
	Ecological Sustainability									
	Cultural Sustainability									

Abb. 4.6 Sustainable Roadmap (Becker)

der politischen, wirtschaftlichen, sozialen, technologischen, ökologischen und rechtlichen „Großwetterlage").

2. Fleet („Regattafeld") beschreibt Interessen, Strategien und das Verhalten der Akteure am Markt: Wettbewerber, Kunden und Kanäle, Konsumenten, mögliche Substituierer, die Akteure (Stakeholder) in der Supply Chain.

3. Course („Kurs") beschreibt die eigenen globalen Strategien bezüglich der politischen, wirtschaftlichen, sozialen, technologischen, ökologischen und rechtlichen Umwelt, die zu adressierenden Märkte und Marktzugänge sowie die Strategien im Bezug auf Ressourcen wie ökologische und technische Ressourcen, Mitarbeiter und so weiter sowie insbesondere auch die Regeln, nach denen im Wettbewerb agiert wird.

4. Waypoints („Wegmarken") sind verschiedene Vorhaben, Programme und Projekte, die sich auf das Geschäftsmodell, die Wertschöpfung, Finanzen, Kunden und Kanäle, Human Resources, Technologie sowie auf wirtschaftliche, soziale, ökologische und ethisch-kulturelle Nachhaltigkeit beziehen.

Diese führen auf die Finish Line (langfristige Globalziele) zu, wobei das Leitbild (Mission, Vision und Werte) als Ausgangspunkt und Orientierungsrahmen der Planung („Compass") dient. Dabei beginnt das Roadmapping grundsätzlich vom Ende her, nämlich bei Mission und Werten sowie den daraus abgeleiteten Globalzielen (Moonshots) – oder um mit T. S. Eliot zu sprechen: „The end is, where it starts from."

Die Zukunft des Business Development Managements

5

Dem Format des Bandes geschuldet haben wir natürlich nicht alle Aspekte des Business Development Managements und schon gar nicht in aller Tiefe ausbreiten können.

Schaut man in die Zukunft des Business Development Management, so deuten sich zwei Entwicklungen an. Zum einen die Etablierung eines Business Development Managements unter einem Chief Strategy Officer, zusammen mit Change Management und Project Management Office in einer Einheit, die eher wie ein Venture Capital Unternehmen oder ein Inkubator agiert (Becker 2010c, 2012a), wie es etwa das Hanauer Familienunternehmen Heraeus (2017) mit ihrem „Incubator New Business" vormacht.

Die andere Zukunftsperspektive vertieft die Organisation des Business Development selbst. Hier geht es vor allem darum, den Schritt von der traditionell linearen Organisation der Prozesse („Old School") zu mehr agilen und kollaborativen und Methoden („New School Business Development Management") zu kommen (siehe Tab. 5.1). Sicherlich wird beides nicht von heute auf morgen und nicht überall so kommen. Aber als Leitbild für die Aufstellung des Business Development Managements als zukunftstaugliche und schlagkräftige Funktion im Unternehmen lohnt es sich auf jeden Fall, den ersten Schritt dorthin zu gehen.

© Springer Fachmedien Wiesbaden GmbH 2018
L. Becker, *Nachhaltiges Business Development Management,*
essentials, https://doi.org/10.1007/978-3-658-20089-3_5

Tab. 5.1 Old School versus New School Business Development Management

Old School	New School
Betriebswirtschaftliche Ziele	Moonshots
Vorgaben	Hypothesen
Business Plan	Business Modell
Implementierungsprozess	Projektportfolio und Programme
Prozessorientierung	Objektorientierung
Produkt	Eco-System
Stage-Gate	Feldarbeit
Hierarchie	Selbstorganisation
Linearität	Phasen und Schleifen
Plan und Kontrolle	Agilität und Experiment
Zielerreichung	„Good enough"
Budget	Ressourcen
Organisation	Alignment
Kurzfristiger Erfolg	Nachhaltige Entwicklung
„Failure is not an option"	„Fail quick, fail cheap"

Was Sie diesem *essential* entnehmen können

- Argumente, warum nachhaltiges Business Development Management im Konzern und im Mittelstand unverzichtbar ist
- Was das Berufsbild des Business Development Managers ausmacht
- Wie ein an Nachhaltigkeit orientiertes Business Development Management das Überleben des Unternehmens sichert
- Mit welchen Framework und Tools Business Development Manager abteilungsübergreifend führen können
- Wie sich die Aufgaben und Rolle des Business Development Managers künftig entwickeln

© Springer Fachmedien Wiesbaden GmbH 2018
L. Becker, *Nachhaltiges Business Development Management*,
essentials, https://doi.org/10.1007/978-3-658-20089-3

Literatur

AeroMobil (2017) Home. AeroMobil. https://www.aeromobil.com. Zugegriffen: 30. Aug. 2015

Becker L (1993) Früherkennungs- und Reagibilitätsmanagement: Silberstreifen am Horizont. Gablers Magazin 8

Becker L (2006) Unternehmensführung in bewegten Zeiten. In: Becker L, Ehrhardt J, Gora W (Hrsg) Führungskonzepte und Führungskompetenz. Symposion, Düsseldorf

Becker L (2008) Führung, Innovation und Wandel. In: Becker L, Ehrhardt J, Gora W (Hrsg) Führungskunst – The New Art of Leadership: Führung, Innovation und Wandel. Symposion, Düsseldorf (Ebenfalls erschienen in: Becker L (Hrsg) Management und Führungspraxis. Digitale Fachbibliothek)

Becker L (2009) Strategische Führung als Projektführung. In: Becker L, Ehrhardt J, Gora W (Hrsg) Projektführung und Projektmanagement - Wie Sie Strategien erfolgreich umsetzen. Symposion, Düsseldorf (Ebenfalls erschienen in: Antoni C, Eyer E (2010) Das Flexible Unternehmen)

Becker L (2010a) Der Business Development Manager – Eine Standortbestimmung: Working Paper. Karlshochschule International University, Karlsruhe

Becker L (2010b) Was wir von Darwin lernen können - Das PMO aus evolutorischer Sicht. In: Sandrino-Arndt B, Thomas RL, Becker L (Hrsg) Handbuch Project Management Office – Mit dem PMO zum strategischen Management der Projektlandschaft. Symposion, Düsseldorf

Becker L (2010c) Wir stellen ein: Geschäftsentwickler. Harvard Bus Manag 32(9):10–12

Becker L (2011) Energiemanagement: Was mir so auffiel... http://blog.karlshochschule. de/2011/08/03/energiemanagement-was-mir-so-auffiel/. Zugegriffen: 30. Aug. 2015

Becker L (2012a) Neue Geschäftsmodelle aufbauen. In: F.A.Z Institut (Hrsg) Managementkompass Neue Geschäftsmodelle. FAZ Institut, Frankfurt

Becker L (2012b) Neue Geschäftsmodelle durch Informationsmanagement. In: Becker L, Gora W, Uhrig M (Hrsg) Informationsmanagement 2.0 – Neue Geschäftsmodelle und Strategien für die Herausforderungen der Digitalen Zukunft. Symposion, Düsseldorf

Becker L (2012c) Warum wir uns vor dem Wandel nicht verstecken können. In: Becker L, Feldmüller D, Helbig V, Kettner K, Mütter J (Hrsg) Strategischer Wandel durch IT: Kultur und Kommunikation als Erfolgsfaktoren im Projektmanagement. GPM, Nürnberg

© Springer Fachmedien Wiesbaden GmbH 2018
L. Becker, *Nachhaltiges Business Development Management*,
essentials, https://doi.org/10.1007/978-3-658-20089-3

Becker L (2014) Der Business Development Manager – Eine Standortbestimmung. In: Becker L, Gora W, Michalski T (Hrsg) Business Development Management. Von der Geschäftsidee bis zur Umsetzung. Symposion, Düsseldorf

Becker L (2016) Sustainable business development. A snapshot from Germany. https://www.linkedin.com/pulse/sustainable-business-development-german-snapshot-lutz-becker. Zugegriffen: 10. Sept. 2017

Becker L (2017) Nachhaltiges Business Development. Vortrag: Standortforum Umweltwirtschaft, MUKLNV und das Bergische Städtedreieck in Kooperation der EnergieAgentur. NRW, Wuppertal (28.06.16)

Becker L, Montiel Alafont FJ (2015) Warum in transkulturellen Projekten das wahre Leben tobt. In: Becker L, Gora W, Wagner R (Hrsg) Erfolgreiches Interkulturelles Projektmanagement. Symposion, Düsseldorf

Becker L, Schmitz F (2012) Wie Apps Geschäftsmodelle revolutionieren. In: Becker L, Becker L, Gora W, Uhrig M (Hrsg) Informationsmanagement 2.0 – Neue Geschäftsmodelle und Strategien für die Herausforderungen der Digitalen Zukunft. Symposion, Düsseldorf

Becker L, Gora W, Uhrig M (Hrsg) (2012) Informationsmanagement 2.0 – Neue Geschäftsmodelle und Strategien für die Herausforderungen der Digitalen Zukunft. Symposion, Düsseldorf

Bradley C, Bryan L, Smit S (2012) Managing the strategy journey. McKinsey Quaterly, New York. https://www.mckinsey.com/business-functions/strategy-and-corporate-finance/our-insights/managing-the-strategy-journey. Zugegriffen: 3. Okt. 2017

Bröcker M, Foerster H von (2002) Teil der Welt – Fraktale einer Ethik. Ein Drama in drei Akten. Carl Auer, Heidlberg

Brundtland Report (1987) Report of the World commission on environment and development: our common future. Transmitted to the general assembly as an annex to document A/42/427. http://www.un-documents.net/wced-ocf.htm. Zugegriffen: 10. Febr. 2017

Döring R (2004) Wie stark ist schwache, wie schwach starke Nachhaltigkeit? Working Paper: Greifswald, Ernst-Moritz-Arndt-Universität, Rechts- und Staatswissenschaftliche Fakultät, No. 08. https://www.econstor.eu/dspace/bitstream/10419/22095/1/08_2004.pdf. Zugegriffen: 26. Aug. 2015

Doebeli HP (1992) Konsum 2000. Die Orientierung, Bd 101. Schweizerische Volksbank, Bern

DriveNow GmbH & Co. KG (2017) Drive now carsharing. https://de.drive-now.com/en/. Zugegriffen: 15. Aug. 2017

St Duschek (2002) Innovationen in Netzwerken. DUV, Wiesbaden

Elkington J (1997) Cannibals with forks: the triple bottom line of twenty-first century business. University of Oxford, Oxford (Capstone)

Enquete-Kommission (1998) Schutz des Menschen und der Umwelt (1998): Ziele und Rahmenbedingungen einer nachhaltig zukunftsverträglichen Entwicklung, Deutscher Bundestag: Drucksache 13/11200 vom 26. Juni. http://dip21.bundestag.de/dip21/btd/13/112/1311200.pdf. Zugegriffen: 10. Febr. 17

Eppler MJ, Platt KW (2009) Visual strategizing: the systematic use of visualization in the strategic-planning process. Long Range Plan 42(1):42–74

FAZ (2015) Kein Nischenmarkt mehr. Bio war gestern, jetzt kommt fair. FAZ. http://www.faz.net/aktuell/wirtschaft/unternehmen/fairer-handel-ist-ein-milliardenmarkt-geworden-13794971.html. Zugegriffen: 1. Sept. 2015

Forrester JW (2005) Road maps 1: system dynamics in education project. project system dynamics group. Sloan school of management massachusetts institute of technology – a guide to learning systems dynamics. http://static.clexchange.org/ftp/documents/road-maps/RM1/D-4501-7.pdf. Zugegriffen: 28. Sept. 2017

Gates B, Myhrvold N, Rinearson P (1995) The road ahead. Viking Press, New York

Gassner M (2007) PESTEL – Strategie zur Beherrschung externer Risiken? In: Becker L (Hrsg) Digitale Fachbibliothek: Management und Führungspraxis. Symposion, Düsseldorf (2007:2014)

Goodland R, Anhang J (2009) Livestock and climate change. What if the key actors in climate change are... cows, pigs, and chickens? Worldwatch. http://www.worldwatch.org/files/pdf/Livestock%20and%20Climate%20Change.pdf. Zugegriffen: 25. Aug. 2015

Guizzo E (2016) Astro teller, captain of moonshots at X, on the future of AI, Robots, and coffeemakers. IEEE spectrum. Dec. 8. http://spectrum.ieee.org/automaton/robotics/artificial-intelligence/astro-teller-captain-of-moonshots-at-x. Zugegriffen: 11. Aug. 2017

Hargroves K, Smith M (2005) The natural advantages of nations: business opportunities, innovation and governance in the 21st century. Earthscan, London

HAZ (2015) Rügenwalder zwingt Fleischbranche zum Umdenken. HAZ. http://www.haz.de/Nachrichten/Wirtschaft/Deutschland-Welt/Vegetarische-Wurst-Ruegenwalder-zwingt-Fleischbranche-zum-Umdenken. Zugegriffen: 26 Aug. 2015

Heindl H (2007) Zielemanagement der Deutschen Telekom AG. In: Becker L, Ehrhardt J, Gora W (Hrsg) Führungspraxis und Führungskultur. Symposion, Düsseldorf

Heraeus (2017) Home. Heraeus. https://www.heraeus.com/en/group/home/home.aspx. Zugegriffen: 10. Aug. 2017

Heuskel D (1999) Wettbewerb jenseits der Industriegrenzen. Aufbruch zu neuen Wachstumsstrategien. Campus, Frankfurt

Holch CH (2006) Vor Ort: Wie López in den VW-Werken die Arbeit revolutionierte. Die Zeit. http://www.zeit.de/1996/50/vw.txt.19961206.xml. Zugegriffen: 23.Mai 2012

Hucko M (2013) Das Auto macht die Stadt kaputt. Spiegel Online. http://www.spiegel.de/auto/aktuell/bmw-i3-carsharing-bestimmt-das-autofahren-von-morgen-a-931118.html. Zugegriffen: 15. Aug. 2017

Kant I (1781) Kritik der reinen Vernunft. Vorrede. Hartknoch, Riga. http://www.deutsches-textarchiv.de/book/view/kant_rvernunft_1781?p=13. Zugegriffen: 31. Aug. 2015

Kaplan RS, Norton DP (1992) The balanced scorecard – measures that drive performance. Harvard Bus Rev 70(1):71–79

Kennedy J F (1962) Rede an der Rice University über die Raumfahrtbemühungen der Nation. John F. Kennedy Presidential Library and Museum. https://www.jfklibrary.org/JFK/Historic-Speeches/Multilingual-Rice-University-Speech/Multilingual-Rice-University-Speech-in-German.aspx. Zugegriffen: 11. Aug. 2017

King J (1999) Disintermediation/Reintermediation. Computerworld 33(50):54

Könemann T (2014) Wurst wird die Zigarette der Zukunft. Handelsblatt. http://www.handelsblatt.com/unternehmen/mittelstand/ruegenwalder-wurst-wird-die-zigarette-der-zukunft/10696962.html. Zugegriffen: 10. Juli 2015

Korzybski A (1958) Science and sanity. The international non-aristotelian society, Lakeville

Mack E (2015) Finally! a flying car could go on sale In 2017. Forbes. https://www.forbes.com/sites/ericmack/2015/03/16/finally-a-flying-car-could-go-on-sale-as-soon-as-2017/#1471b5491255. Zugegriffen: 30 Aug. 2015

Mahammadzadeh M (2003) Nachhaltige Balanced Scorecard. Konzeptionen und Erfahrungen. IW-Umweltservice-Themen, 1. Institut der Deutschen Wirtschaft, Köln

Meadows DH, Meadows DL, Randers J, Behrens WW (1972) Die Grenzen des Wachstums. Bericht des Club of Rome zur Lage der Menschheit. Deutsche Verlags-Anstalt, Stuttgart

Moore GA (2002) Crossing the chasm – marketing and selling disruptive products to mainstream customers, rev Aufl. Collins, New York

Müller AP, Becker L (Hrsg) (2013) Narrative & innovation. New ideas for business administration, strategic management and entrepreneurship. VS Research, Heidelberg

Nefiodow LA (1990) Der fünfte Kondratieff. Gabler, Wiesbaden

Ohno T (1993) Das Toyota-Produktionssystem. Campus, Frankfurt a. M.

Osterwalder A, Pigneur Y (2010) Business model generation: a Handbook for visionairies, game changers, and challengers. Wiley, New York

Paech N (2012) Jetzt hören Sie mit den Radieschen auf. Interview mit Unfried P. Die tageszeitung. http://www.taz.de/1/archiv/digitaz/artikel/?ressort=hi&dig=2012%2F01%2F2 1%2Fa0207. Zugegriffen: 27. Aug. 2015

Pestel R, Roth R (1996) Effektives Marketing in einer emergenten Informationsgesellschaft. In: Becker L, Ehrhardt J (Hrsg) Business Netzwerke – Wie die globale Informations-Infrastruktur neue Märkte erschließt. Handelsblatt-Buch. Schäffer-Poeschel, Stuttgart, S 19–33

Pfriem R (2006) Unternehmensstrategien. Ein kulturalistischer Zugang zum Strategischen Management. Metropolis, Marburg

Porter ME (1985) Wettbewerbsvorteile. Campus, Frankfurt a. M.

Raisch S, Probst G, Gomez P (2007) Wege zum Wachstum – Wie Sie nachhaltigen Unternehmenserfolg sichern. Gabler, Wiesbaden

Rittel H, Webber M (1973) Dilemmas in a general theory of planning. Policy Sci 4:155–169

Rowe GP (1987) Design thinking. MIT Press, Cambridge

Scheer A, Noweski Ch, Meinel C (2012) Transforming constructivist learning into action_ design thinking in education. Des Technol Edu: An Int J 17(3):8–19

Schumpeter J (1961) Konjunkturzyklen, Bd 1. Vandenhoeck & Ruprecht, Göttingen

Schumpeter J (1961) Konjunkturzyklen, Bd 2. Vandenhoeck & Ruprecht, Göttingen

Starr M (2015) Terrafugia unveils new TF-X flying-car design. Cnet. https://www.cnet. com/roadshow/news/terrafugia-unveils-new-tf-x-flying-car-design/. Zugegriffen: 30. Aug. 2015

Tauber A (2014) BMW will mit driveNow die Welt erobern. Welt Online. https://www. welt.de/wirtschaft/article129473186/BMW-will-mit-DriveNow-die-Welt-erobern.html. Zugegriffen: 15. Aug. 2017

The Global Footprint Network (2013) Human development and the ecological footprint. The global footprint network. http://www.footprintnetwork.org/en/index.php/GFN/blog/ human_development_and_the_ecological_footprint. Zugegriffen: 12. Nov. 2014

Tomkinson B (2013) Wicked problems as a tool for learning. In: Peltola S (Hrsg) Wicked World – The spirit of wicked problems in the field of higher education, Bd 107. Kotka Kymemlaasko University of Applied Sciences Series B research and reports, Kotka, S 21–33

Trends der Zukunft (2015) Saubere Energiespeicher: Diese Batterien sind so sauber, dass man sie essen kann. Trends der Zukunft. http://www.trendsderzukunft.de/saubere-energiespeicher-diese-batterien-sind-so-sauber-dass-man-sie-sogar-essen-kann/2015/09/03/. Zugegriffen: 15. Febr. 17

Ulrich P, Fluri E (1995) Management; 7. Haupt, Bern

Umweltbundesamt (2014) Reboud-Effekte. Umweltbundesamt. http://www.umweltbundesamt.de/themen/abfall-ressourcen/oekonomische-rechtliche-aspekte-der/rebound-effekte. Zugegriffen: 27. Aug. 2015

Vernon R, Wells LT (1966) International trade and international investment in the product life cycle. Q J Econ 81(2):190–207

Virblatt (2016) http://bonzaai.de. Zugegriffen: 31. Aug. 2015

Wavhal S (2015) Visual Process Management at Siemens. In: Becker L, Gora W, Wagner R (Hrsg) Erfolgreiches Interkulturelles Projektmanagement. Symposion, Düsseldorf

Weizsäcker R (2014) Business education within planetary boundaries. http://prmechapterdach.eu/wp-content/uploads/2014/11/EUvWeizsäcker_PRME_DACH_keynote_141030.pdf. Zugegriffen: 12 Nov. 2014

Welt (2015) Zetsche sieht möglichen Einstieg von Apple ins Autogeschäft skeptisch. Welt Online. http://www.welt.de/regionales/baden-wuerttemberg/article137703569/Zetsche-sieht-moeglichen-Einstieg-von-Apple-ins-Autogeschaeft-skeptisch.html. Zugegriffen: 2. Sept. 2015

Wikipedia (2017a) Palmöl. Wikipedia. https://de.wikipedia.org/wiki/Palmöl. Zugegriffen: 26. Aug. 2015

Wikipedia (2017b) José Ignacio López de Arriortúa. Wikipedia. https://de.wikipedia.org/wiki/José_Ignacio_López_de_Arriortúa. Zugegriffen: 10. Aug. 2017

Wunder T (2017) Nachhaltiges Strategisches Management: Anknüpfungspunkte und Impulse für die praktische Strategiearbeit. In: Wunder T (Hrsg) CSR und Strategisches Management. Wie man mit Nachhaltigkeit langfristig im Wettbewerb gewinnt. Gabler, Wiesbaden, S 1–41

Yarow J (2012) Here's what steve ballmer thought about the iPhone five years ago. Business insider. http://www.businessinsider.com/heres-what-steve-ballmer-thought-about-the-iphone-five-years-ago-2012-6?IR=T. Zugegriffen: 29. Aug. 2015

Zimmermann T, Hauptmann M, Tenneberg T (2008) Profitables Wachstum organisieren: zentral steuern, dezentral führen. Anwendung eines Analyserasters anhand von Fallbeispielen. Studie. Roland Berger Consultants, München

Zott Ch, Amit R (2010) Business modell design: an activity system perspective. Long Range Plan 43:216–226

Zydorek C (2006) Instrumente des strategischen Managements. In: Becker L, Ehrhardt J, Gora W (Hrsg) Führungskonzepte und Führungskompetenz. Symposion, Düsseldorf

Printed in the United States
By Bookmasters